文创产品设计理论与实践研究

刘　娜　崔清楠　潘　超◎著

吉林出版集团股份有限公司

全国百佳图书出版单位

图书在版编目（CIP）数据

文创产品设计理论与实践研究 / 刘娜 , 崔清楠 , 潘
超著 . -- 长春 : 吉林出版集团股份有限公司 , 2024.4
ISBN 978-7-5731-5118-6

Ⅰ . ①文… Ⅱ . ①刘… ②崔… ③潘… Ⅲ . ①文化产
品 – 产品设计 – 研究 Ⅳ . ① G114

中国国家版本馆 CIP 数据核字 (2024) 第 111049 号

文创产品设计理论与实践研究
WENCHUANG CHANPIN SHEJI LILUN YU SHIJIAN YANJIU

著　　者	刘　娜　崔清楠　潘　超	
责任编辑	息　　望	
封面设计	张秋艳	
开　　本	710mm×1000mm	1/16
字　　数	150 千	
印　　张	8.5	
版　　次	2024 年 8 月第 1 版	
印　　次	2024 年 8 月第 1 次印刷	
印　　刷	天津和萱印刷有限公司	

出　　版	吉林出版集团股份有限公司
发　　行	吉林出版集团股份有限公司
地　　址	吉林省长春市福祉大路 5788 号
邮　　编	130000
电　　话	0431-81629968
邮　　箱	11915286@qq.com
书　　号	ISBN 978-7-5731-5118-6
定　　价	51.00 元

前　言

如今，整个社会迎来了一个全新的经济模式，人们的需求已经从最简单的物质需求转变为精神和文化方面的需求。因此，提高产品本身的文化内涵是满足人们精神需求的主要途径之一。在信息化时代，在产品设计中融合情感、文化和时尚元素是十分关键的，消费者会厌倦某些一成不变的产品，设计师需要在产品设计中融入文化和历史符号等为产品增值，因此文创产品以其创意形式成为产品设计学科中的闪光点。文化创意产品具有同时满足人们的功能需求和精神需求的呈现形式，其中融入了全新形式的传统文化，能够激发人们的文化认同感。本书分析文创产品的设计理论，并介绍当前文创产品的设计现状，最后重点探讨了产品的设计方式，以期为相关人员提供参考。

本书第一章为文创产品及设计概述，分别为文创产品概述、文创产品的设计趋势、文创设计的构成因素、文创设计的创意表达与表现方式四个方面的内容；第二章为文创产品设计方法与标准，主要介绍了三个方面的内容，依次是文创产品设计方法、文创产品设计标准、文创产品设计中的文化表现；第三章为文创产品设计的基本步骤，分别介绍了六个方面的内容，依次是文创项目管理与市场调研、文创产品受众行为分析与用户角色、文创产品定位与头脑风暴、文创设计草图及效果图表现、平面作品打样与产品模型设计、文创产品的发布；第四章为文创产品设计经典案例分析，依次介绍了相同元素和相同工艺的不同产品设计、文创品牌的打造与管理、"城市印象"主题文化产品设计、非遗传承与民艺设计开发、博物馆及知识产权文创产品、国际文创设计经典案例六个方面的内容；第五章为文创产品设计新形式，主要介绍了四个方面的内容，分别是 IP 设计的交互体验与情感认知、舌尖上的文创、文创设计中的智能要素、"元宇宙"拓展文化新视角。

在撰写本书的过程中，作者参考了大量的学术文献，得到了许多专家学者的帮助，在此表示真诚感谢。由于作者水平有限，书中难免存在疏漏之处，希望广大同行指正。

目　录

第一章　文创产品及设计概述

　　本章根据文创产品设计流程介绍了文创产品的概念、设计趋势、构成要素、创意表达与表现方式等内容，旨在使读者明确文创产品设计课程的理论体系，为后续深入学习相关知识和进行实践训练打下基础。

第一节　文创产品概述

一、文创产品的定义

联合国教育、科学及文化组织（简称"联合国教科文组织"）将文创产品界定为：能够传递文化内涵、象征意义与生活方式的有价产品。文创产品是文化经济属性中一个门类，也是将人文内涵、地域性、情境故事性、寓教性、特殊性、价值性，以及一些美的体验感等区别于一般商品本身所含有的功能属性融入生活中常见的物品。文创产品通过设计的手段在人与物之间、物与物之间建立起沟通的桥梁，极大地丰富了我们的生活，具有的附加值大幅度提升。文化创意产品除了作为一种消费品外，还具有传递观念、推广生活方式等重要的社会使命。台湾文化创意产业十分繁荣，据 2010 年的《台湾文化创意产业发展年报》，文创产品并不一定是实物形态，也不是必须可视、可触碰到的，其呈现形式十分多样。文化创意产业中的文创产品以其独特的文化创意和精神愉悦性在人们的心灵层面产生显著的影响，其能将文化内涵通过创新的方式呈现出来，以抽象的概念为基础创造出具体的实物形态，实现从精神世界向物质世界的转化，受到人们的广泛欢迎。文创产品相对于常规产品更注重文化价值和其他额外价值的附加，能够秉承文化精髓，向消费者传递文化的本质含义，并担当促进文化传承的重要角色。通过新型技术和新颖的呈现方式，文创产品能够在满足消费者物质需求的同时为人们提供精神文化滋养。

文化内涵和象征意义是文创产品的特征，它们赋予了文创产品独特的价值和意义。设计者需要先深入了解文化的内容和情感，然后运用先进的科技和创意手法，将这些文化元素转化为具有社会实用价值的产品。在传统文化的物化过程中，往往要经历重新解读和再定义，由此被赋予全新的文化内涵和价值。这些新的文化符号在消费市场中被广泛接受和消费，从而形成文化消费现象。人们在购买文化产品时，不仅能够满足自己的精神需求，同时还能间接地进行文化创造。

由于文化附加值的存在，大部分文创产品虽然不属于生活必需品，但相较于普通产品价格更高。然而，消费者会愿意购买这些产品是因为它们具有文化内涵，能够满足消费者的文化需求。文创产品是文化、科技和创意的混合体，其既体现了文化的特色，也融合了科技和创意的元素。与文创产业不同的是，文创产品注重的是在文化基础之上的创新与拓展，而非单纯地强调文化本身。文化、科技、创意的融合已经成为未来社会的发展方向和人们消费需求的必然趋势。因此，在设计文化创意产品时，也需要关注其外部设计，以达到既体现文化特色又富有创意的呈现效果。

二、文创产品的主要范畴及类别

（一）文创产品的范畴

对于文创产品范畴的界定可以依据产品的表现形式和传达的内容，文创产品包括具象产品、服务性产品以及非物质性产品。具象产品指的是消费者可以拥有和使用的文创产品，能够实实在在地触碰到产品以获得文化消费体验；服务性产品指的是会展、文化设施等能够为人们提供文化体验服务的产品；非物质性产品则包括动画作品、影视作品、文艺演出等。本书所讨论的文化创意产品是指那些以实物形式呈现，拥有某种功能并能够提供情感体验的文创产品。普通的产品通常以实用功能为主要设计开发依据，而在设计文创产品时则主要关注融入产品的文化资源，在此基础上考虑产品的实用功能。设计文创产品就是将人们对传统精神、传统文化和当代文化的需求转化为设计元素，并赋予其新的形式以符合现代生活方式，设计者需运用适宜的设计理念和技术以满足消费者的精神文化需求。

（二）文创产品的类别

从不同的表现方式、文化元素以及设计目的来看，文创产品可以划分为六种不同的类型。

1. 素材贴图型

主要是利用已有的图片或矢量素材作为平面元素将其直接移植到某一载体之上。

2. 图案创新型

根据已有文化的视觉特征，通过抽象、变形、提炼、概括等方式进行创新设计，并将其应用或延展到载体之上。

3. 平面元素立体化型

将平面的文化元素转化为三维立体模型，并赋予其一定功能。

4. 立体造型平面化型

将立体的文化器物造型转化为平面图形。

5. 立体装饰型

将立体文化造型等比缩放后直接作为另一载体的整体造型并赋予其一定功能，或将立体文化造型作为另一载体的局部造型，并承担该部位一定的实用功能或装饰功能。

6. 卡通型

将传统的文化以可爱的卡通形式表现出来。

三、文创产品的作用与价值

（一）文创产品的作用

文化创意产品包括有形的和无形的两部分功能，这两部分功能是相互依存的，缺一不可。有形功能即产品自身的物质功能，指的是产品中实际物质组成的部分，满足了现代生活的需要，能够被用户直接察觉和利用；无形功能即精神功能，指产品所承载的思想、情感和技艺，这些都是人类社会长期积累和创造的精神财富，是人们对于自我提升和文明追求的理念和情感的体现。这两个方面的功能合二为一，最终呈现出我们所看到的完整产品。文化创意产品的主要价值在于其非物质层面的精神功能,但其内在的精神内涵也需要有具体的物质形态作为重要支撑。因此,文创产品必须同时具有有形的物质功能和无形的精神功能。

设计师要创作出同时满足人们物质和精神需求的文化创意产品,需要将产品的实用性和精神文化价值融合得恰到好处。以"守候回声"大报恩寺多功能茶具歙砚香炉套装为例,这套文创产品通过茶具、香炉、收纳盒等生活中的实用工具,成功地传达了中国传统文化中"大音希声"的丰富文化内涵。经过有效确定物品的功能定位,设计师通过避免使用单一的图案或纹饰转印方式,找到了表达其精神内涵的创意交汇点,采用更具有创意的内容表达方式。

(二)文创产品的价值

文创产品的价值来源于文化资本和物质资本的有机结合。一般的产品以满足用户的生理需求为主要目的,因此其价值的决定性因素是有形的物质资本。不同于其他产品,文创产品的价值主要取决于其所蕴含的无形的文化资本。相比具象的形式,无形的内容具有更高的不确定性和风险。此外,文创产品是将抽象的精神和文化资本转变为有形的实物,这就必须将无形的文化资本通过具体的物质承载体呈现出来。因此,文创产品的设计要比一般的产品难度高。

中国书法作为传统艺术形式,具有独特的文化特色。要将其文化价值转化为商品价值,设计师可利用实物资料,运用文化特色与民生表现相结合的手法来设计产品。文创产品的经济价值不限于其独特的创意文化内涵,更体现在无形资产与有形资产的融合,使得其具备现实生活中实际的应用价值。设计师将书法与餐具巧妙融合,呈现出书法笔画纤细流畅的线条、独特俊逸的气质和清瘦峭拔的风骨,我们可以感受到一种兼具刚强和柔和的韵味,获得一种诗意的审美体验。

第二节 文创产品的设计趋势

一、审美趋势

（一）审美的大众化

当今社会，人们的审美逐渐由精英化向大众化过渡。数字技术，计算机网络、无线通信网络、卫星等渠道，以及计算机、手机、数字电视机等终端，为人们提供了新的媒体文化传播途径。文创产品以大众化为主要特点，使审美不再只是精英阶层的专属活动，其广泛性和普遍性以及功能上的实用性使得其能够满足大部分人的审美需求。在文创产品设计的发展过程中，大众的参与度越来越高，人们不再只是审美活动的体验者，也成为美的创造者，推动了大众审美观念的转变。随着时间的推移，群体的消费观念逐渐转变，这也进一步推动了文创产业的发展。

（二）审美的个性化

多元文化在一定程度上影响了文创产品的审美设计。随着现代社会的迅速发展与全球化进程的不断推进，文化逐渐呈现多元化特点，人们越来越重视精神需求的满足。文化创意产品能够更好地融合不同文化元素，以满足人们个性化审美的需求变化。因此，重视个性化的文化创意设计可以更好地满足人们日益增长的心理需求。

二、增添文化内涵，改变设计形式

我国有着悠久的历史文化与丰厚的文化资源，设计者应当深入探索其中的文化内涵，将其与文创产品有机结合，使文创产品发展为结合物质和精神需求、展示文化传承和态度的载体。文创产品之所以独具特色，是因为在产品设计过程中融入了情感元素，购买文创产品的消费者不只是为了商品本身，更是追求其中包含的文化价值和充满独特情感的体验。现今，在网络环境下，文化创意产品已经扩展到了游戏、历史卡通人物形象等电子产品和软件系统的开发领域，不再局限于设计版型产品和复制型产品。故宫博物院利用网络技术，设立了"故宫淘宝""故宫博物院文创旗舰店""故宫博物院文创馆"三个线上销售平台，用以销售故宫文创产品。这些产品不仅独具创意，贴近生活，且蕴含着深厚的历史文化底蕴。例如手机壳、帆布包、便笺纸和化妆品等，既能有效展现文化特色，又具有实用价值。此举不仅摆脱了单一仿制文物的设计形式，还能让人们更加深入地了解和感受故宫的文化内涵。网络游戏是一种形式轻松愉悦、受众广泛的文创产品表现形式。英国大英博物馆在网站上开设了"游戏"栏目，让人们通过轻松、有趣的游戏方式了解馆藏资源，进而激发他们对历史文化的浓厚兴趣，让人们更深入地了解博物馆收藏的文物所承载的历史知识。

三、跨领域协作，实现共赢

一直以来，文创产品都面临着品类单一、供应链薄弱的难题。要让年轻一代更好地了解历史文化，实现设计的跨界合作成为文创产品破圈的有效方式。文创产品应具有开放性思维，积极与其他行业相融合，如苏州博物馆"江南四大才子"这一 IP（intellectual property，知识产权）与淘宝商城（一个综合性购物网站，英文 Tmall，中文简称"天猫"）上的八款茶的联合跨界营销，打造出春茶销售的爆款，为参加联合营销的八马茶业、西湖茶叶、卢正浩、艺福堂、乐品乐茶、天福老茶、碧潭飘雪、立顿等茶品牌的绿茶产品提升了近六成的成交量，实现了八大茶品牌新客同比增长超一倍的良好业绩。浦发银行推出的"富春山居图"系列信用卡，画面精美，景色别致，不仅呈现了富春江两岸的秀美景色，还通过 AR（augmented reality，增强现实）科技使用户身临其境地体验了富春江的美景，是文创产品中互联网与传统文化成功结合的典范。

故宫采用北宋画家王希孟的《千里江山图》与网易公司（简称"网易"）合作开发了《千里江山图》主题游戏；苏州博物馆与服装品牌合作举办了主题服装秀，将博物馆文物融入服装设计中，这也是文创产品的一次新尝试。

可以说，"互联网＋"让全球彼此紧密相连，使不同领域、企业之间相互交融，促进了文创产品设计创意的不断涌现。

四、重视用户体验，实现多元设计

透过体验式的文创产品，消费者能够更深刻地领略产品设计理念，并参与交互设计，实现产品与消费者之间真正的互动与交流。

（一）建立多元的文化体验

文化的展示通常采用静态形式，但文化体验则要通过感官体验及行为活动获得。设计文创产品时需综合考虑多种感官体验，从产品的外观到产品的色彩、造型、功能都要能够满足人们的视觉、听觉和嗅觉等感官审美需求，使得文创产品不再局限于单一的平面方式呈现，而是通过更加立体、丰富的传播方式向大众展现其文化内涵。

（二）建立互动式文化体验

如今，在文化创意产品设计领域，消费者已不再是单纯被动地接受产品，而是更愿意将自身情感与设计融合，从而创造出独特的文化创意作品。互动式文化体验能够让消费者参与到文创产品的创造过程中，使自身的情感需求和审美需求得到满足，从而享受到独特的文化体验。在文创产品制作过程中，消费者与文创产品之间会建立起一种联系，消费者会对文创产品进行深入感知，从而更加深入地理解产品所蕴含的文化内涵。

第三节　文创设计的构成因素

文创设计的构成要素是文创设计中的重要组成部分。文创设计运用艺术符号来表达内在含义，同时根据整体设计需要对设计作品中的图形、色彩及文字进行巧妙的处理，因为只有当多种设计元素有机融合，才能使文创设计作品产生良好的设计效果。文创设计以设计为主，将艺术元素融入其中，且渗透着文化内容。在文创设计创作中，设计师需要注重色彩运用和对图形、文字的艺术化处理，以有效地传达自己的主观思想，并使作品更具艺术表现力。在文创设计的过程中，图形、文字以及色彩都是重要的元素。巧妙运用这些元素就可以达到有效传达艺术信息的目的。

一、图形

人类的图形视觉感知能力十分强大，人们可以快速而准确地理解图形所表达的信息，并且图形传达信息的效率比文字更高。图形传递信息的优势在于其独特的视觉吸引力可以激发人们的想象力，比文字更具表现力。文创设计作品的价值在于它所传达的主题思想，要完全理解这些主题思想，受众需要仔细解读设计信息。文创作品要与受众的心灵产生共鸣，才能让受众产生认同感，接受设计作品。

华夏文明历经几千年发展，书法作品中的故事数不胜数，经典的故事被文人雅士记录下来，成为现代产品设计的创意来源。怎样用一个故事来串联作品并凸显其灵魂，值得每个设计者思考。例如，设计师为赛车设计图形时，从中国神话黄帝大战蚩尤中提炼设计元素——黄帝的守护兽形象，为了兼具现代感、东方色彩与F1的动感等特色，舍弃具象凤凰图案，而以象形文字"朱雀"代替，设计出凤凰展翅图案，同时也考虑赛车疾驰的画面，将流线感加入设计之中。

（一）图形的含义

文化创意设计作品的成功并不仅仅取决于其视觉效果的出色，它的最重要的价值在于它能够有效地传递信息、宣传和说服人们，以此达到让观众接受信息的目的。通过巧妙地运用图形，可以营造文创设计作品所需要的氛围和表达出想要传递的信息，并吸引更多的受众。例如，作品《楚纹今语——茶道》，其设计思想是"楚纹跨越千年，茶道今语瞬间"。漆器、楚纹、茶道是视觉和味觉的交响曲，更是城市人关于历史记忆的情感家园。该茶具系列文创设计通过对湖北省博物馆极具代表性的战国彩绘描漆鸳鸯盒经典纹样进行创意元素提取，然后结合中国非物质文化遗产"万里茶路"项目制作而成，从点出发，应用楚纹样表达对当下城市文化、历史、地理的解释，也是对当下城市生活及生活方式的描述，作品以楚纹样创意为核心，强调楚纹样的同时表现传统木艺技术和漆器艺术的融合。

（二）图形的表现形式

在文创设计领域，常用的图形表现形式有三种，包括规则图形、不规则图形以及经过设计者变异处理后的图形。经过变异的图形是以非常规的结构形式来呈现的，这种图形设计形式摆脱了传统图形设计思维，受到人们的广泛欢迎。规则图形常常具有深刻的象征意义，因此将其应用于文化创意设计可以使作品的含义更加清晰明了。使用规则图形时，常会传达出一种庄重和严谨的氛围，令人心生敬畏。采用不规则图形进行设计呈现出来的效果会更富有生机、更有活力。规则图形和不规则图形之间并不是相互对立的关系，而是互为补充的。

二、文字

在文化创意设计中，文字扮演着重要的角色，意义不可忽视。文化创意设计作品以图形语言表达信息，其特征在于表现抽象思想，对于那些不熟悉图像语言的人来说，理解这些文创设计就会变得很困难。

（一）文案设计

将设计理念和设计主题以文字形式精确地表达出来，并传达文创设计作品的意图，是运用文字的有效方式。在文化创意设计作品中运用文字，能够实现对文化创意设计的深层阐释。

2013 年，台北故宫博物院在其网站主页上推出了一款"朕知道了"胶布，简单四字霸气十足，令网友直呼"超想收藏"。此款胶布是由该博物院典藏的康熙真迹衍生的文化创意品。因康熙在批阅奏折时，最爱在文末朱批"朕安"或"知道了"，所以台北故宫博物院遂将其霸气字迹与胶布巧妙结合。

近年来，北京故宫博物院推出了一系列"脑洞大开"令人惊喜的文创产品，使库房文物变得鲜活时尚。身着龙袍、霸气外露的壮壮与头戴凤冠、仪态雍容的美美，成为 2014 年在厦门举办的博物馆及相关产品与技术博览会上最抢眼的"明星"。这对由 3D 打印技术制作的卡通玩偶，是为北京故宫博物院成立 90 周年而推出的吉祥物。"壮"体现龙特有的力量，形容紫禁城皇家建筑群给人们带来的震撼；凤是中国传统文化中美的体现，"美"象征着故宫博物院所藏 180 多万件古代艺术珍品的传统美学内涵。包括壮壮、美美在内的诸多故宫文创系列产品正在"走红"，故宫在文创中坚持的"萌态度"与"萌趣味"得到了市场的积极回应。这些文创产品体形小巧、外形可爱、实用性强，不论是线上还是线下，均收获了不错的销售业绩。曾任故宫博物院院长的单霁翔介绍，故宫博物院设计研发的近 7000 种文化产品，给故宫带来近 9 亿元的收入。通过致力于新媒体技术应用的开发，北京故宫博物院现已自主研制并推出了多款具有教育功用的手机应用软件，其中，《皇帝的一天》专为孩子们量身打造，采用有趣的交互式地图，极具趣味性地还原了紫禁城的生活场景。通过这些创意十足的手机应用软件，用户只需滑动手指、触摸屏幕，即可近距离、全方位领略古老紫禁城的魅力。

（二）文字设计

在文创设计作品中，文字是不可或缺的元素之一，对设计作品的信息传达具有至关重要的作用。将文字转化为设计中的流动线条元素，不仅更符合文字的运用规则，还能真实地传递文创设计作品的内在含义。文创设计师需要善用文字，利用文字的字体、大小、排列等属性，来为设计作品注入独特的文创美感。此外，将文字应用于文创设计中也能体现出人的情感和人格特质等，不同造型的文字设计也能传达不同的情感。

书法是中国文化特有的宝藏，虽然一般用毛笔书写，但因书写者的力道、笔触甚至是个性和心情的不同，一样的毛笔却能变化出千百种字体，有的娟秀，有的苍劲，从字体中就能窥视书写者的人格特质。例如宋朝的文人皇帝宋徽宗，他自创的瘦金体展现了他宁为玉碎、追求完美的艺术性格。

现在，书法也被运用在餐具上，这套餐具借由书法笔画与不锈钢材质的结合，展现刚柔并济的美学，利落的线条简约耐看，在握柄处不仅呼应书法收笔的笔触，稍具厚度的手柄也考虑到使用者的施力习惯。这套由钟雅涵设计的糅合了东方线条的西方餐具组，选用耐用的不锈钢及轻便的聚甲醛作为材料，在餐桌上以艺术品之姿融入饮食生活中，创造中西合璧的宴飨氛围。

三、色彩

从自然科学的观点来看，色彩的产生是一种物理过程。人们在感受到色彩时，并不是由于色彩本身具有某种神秘的力量，而是因为它们能够使我们的视觉系统产生刺激反应，这些刺激反应进而激发了人们的主观思想，并引起人们的想象力。在文化创意设计中，色彩的运用能够产生极大的视觉影响。人们在接触文创设计作品时首先感受到的就是色彩，并能够明确感受到作品设计的色彩表现力。人们对色彩产生情感反应，是因为色彩能够触发情感。色彩在文创设计作品中具有传达含义的作用，同时，作品的创意也可以通过色彩的运用得以展现。因此，在文创设计中，色彩的应用是至关重要的，只有充分运用好色彩，才能打造出一款成功的作品。加上情境的营造，色彩就能够更有效地触动我们的情感体验。实际上，颜色会直接影响人的情绪，这与人的心理状态有密切关系。对于这些问题，心理学家已经进行了充分的研究，并总结出了颜色所代表的象征性含义。

（一）色彩的作用

色彩的运用能力在设计领域中是一种重要的潜在竞争力，色彩的运用是设计能力中最为基本的能力之一，拥有良好的色彩运用能力对于设计能力的提升具有很大帮助。如今，色彩的作用日益凸显，我们已经迈入以色彩取胜的时代。许多大型企业有专业色彩设计师，有专门的团队调查企划色彩。当前，数字色彩的时代已经到来，我们已经转向使用科学方法来确定配色方案，而非凭借主观感觉。随着数字经济的全球化趋势不断发展，我们迫切需要拥有一流设计能力的人才来满足不断增长的人们的精神需求。目前对于数字色彩出色的运用能力是顶尖设计能力的必要组成部分，这种能力是文创产业取得成功的关键，只有具备这种能力的人才能在行业中占据领先地位。由于传统的色彩体系主要依靠主观判断进行颜色搭配，因此在遇到问题时很难解决，依赖感觉进行配色设计出的作品看似符合要求，但是实际在色彩运用上不具有理论和逻辑基础的支撑。虽然配色不能解决文创设计中所有的问题，但是使用数字色彩中的色彩形象图表可以满足文创设计中大部分的需求。现在，平面设计师、印刷工作人员等可以运用 1677 种 PANTONE 专色（潘通专色），这些色彩均使用特殊配方，以保证统一的油墨层厚度印刷，在印刷机上可实现轻松配色。

（二）色彩的情感表达

红色、橙黄色等暖色调色彩具有刺激视觉神经的作用，能够唤起大脑中与温暖相关的事物形象，比如火焰、太阳等。这样，人们在主观上就会感到温暖。当人们看到冷色调色彩，如绿色或蓝色时，脑海中会浮现出森林或大海等景象，产生凉爽的感觉。要成为一名优秀的文创设计师，需要从人们对颜色的主观感受出发，深入理解各种颜色对人的视觉的刺激和产生的影响，巧妙运用不同的色彩，在设计作品中传递出精准的信息和情感。举例来说，可口可乐的经典标志已经深入人心。它的图标主要色调是红色，红色能够传达热情的感觉，因此这个图标能向人们传达喝一口可口可乐就能充满活力的想法。如果打算设计制冷家电品牌商标，应该以冷色系为主要色彩基调。这样一来，消费者在看到商标后可以直观地判断品牌属性，从而更容易定位品牌。例如，海尔电器主营冰箱、空调，其商标就遵循此法设计。

电影、游戏、动漫的世界五彩斑斓，但是人们往往只关注其剧情，未意识到其中色彩的特点。即便如此，色彩仍会对人的心灵产生影响，这种影响是潜在的，是一种打动人心的力量。期待带来的兴奋，害怕失败带来的忐忑，要表现这些情感，需要经过精心设计，色彩在诱导表现的过程中功不可没，如表 1-3-1 所示。数字色彩使用案例之一——宫崎骏的《起风了》中就运用色彩表现人物形象。保田道世（1939 年 4 月 28 日—2016 年 10 月 5 日）是宫崎骏的御用色彩师，几乎吉卜力工作室所有作品的色彩都是由她设计的，而她在配色时利用的就是色彩形象图表。

表 1-3-1　色彩的作用与效果

色彩	刺激大脑分泌的主要激素	刺激部位	作用	寓意或效果
红	肾上腺素	循环系统	促进血液循环	兴奋、热情
橙	胰岛素	自律神经	拒绝酒精	促进健康
橙黄	饥饿激素	自律神经	增进食欲	有食欲、有活力
黄	内啡肽	自律神经	让人笑，镇痛	明朗
黄绿	生长激素	自律神经	促进成长	成长
绿	乙酰胆碱	脑下垂体	消除压力	安心
蓝	血清素	下丘脑	生成血液	安心、精神集中
蓝紫	食欲抑制激素	自律神经	抑制食欲	精神集中、安定
紫	去甲肾上腺素	丘脑	发出危险警报	恐怖、不悦
粉红	雌激素等	脑下垂体	让血液畅通	快活、有朝气
白	多种激素	下丘脑	使肌肉紧张	有上进心
黑	无	无影响	无	心理上的安定

　　色彩生理学是一门跨学科并具有科学依据的学科。许多电影场景配色优美，赏心悦目，可以治愈人心，在影片剧情达到高潮时，会令观众握紧双手，兴奋地观看，这就是色彩心理学成功运用的例子。色彩在文创设计中扮演着重要角色，它可以帮助精准表达文创设计的主题。要注意的是，颜色所代表的意义是时常变化的，在不同的文化环境下，色彩会有不同的内涵和意义。文创设计师在创作作品时，需对设计主题及受众群体的特征进行深思熟虑，在设计中选用恰当的色彩，确保传达信息时不会产生歧义。

　　故宫口红外观分别以黑、白、赤、青、黄为五方正色体系，并以"宫廷蓝"为底色，采用 3D 多层打印科技，将传统图案打印在口红管上，彰显织物的肌理和刺绣的立体感。口红管上方饰以仙鹤、小鹿、蜜蜂以及各式各样的蝴蝶，下方则以绣球花、水仙团寿纹、地景百花纹、牡丹、四季花篮等吉祥图案传递中国传统审美意趣。

　　《故宫口红·郎窑红》，唇色灵感源自郎窑红釉观音尊，外观设计灵感源自洋红色缎绣百花纹夹氅衣，色号相当于正红色，女王气场十足。

《故宫口红·豆沙红》，唇色灵感源自豇豆红釉菊瓣瓶，外观设计灵感源自品月色缎平金银绣水仙团寿字纹单氅衣，色号是低调内敛的豆沙色。

《故宫口红·玫紫色》，唇色灵感源自钧窑玫瑰紫釉菱花式三足花盆，外观设计灵感源自黑绸绣花蝶竹柄团扇，色号是当下流行的玫紫色，霸气外露。

《故宫口红·碧玺色》，唇色灵感源自桃红碧玺瓜式佩，外观设计灵感源自广绣鹤鹿同春图，色号介于浅梅色和桃红色之间。

《故宫口红·枫叶红》，唇色灵感源自矾红地白花蝴蝶纹圆盒，外观设计灵感源自明黄色绸绣绣球花棉马褂，色号是温暖的枫叶红，是唯一一款哑光口红。

《故宫口红·人鱼姬》，唇色灵感源自胭脂水釉梅瓶，外观设计灵感源自浅绿色缎绣博古花卉纹裕袍。这款膏体看上去是带有亮金的橘色，涂上后是少女感爆棚的粉色。

除了外表及色泽的考究，故宫口红在膏体成分的选择上，更是巧妙独特：蕴含超高含量蜂巢玻尿酸成分，柔软润泽，涂抹顺滑，能有效减淡唇纹，护唇更美唇，全天候滋养，长久不掉色。

由上述内容可见，文化创意产品的设计不再仅仅是图像的呈现，而是将视觉传播与多种技术相结合来传达高质量内容。为了在当代市场中获得认可，文化创意产品设计师必须在使用图案、文字和色彩等元素时充分考虑产品所具有的时代感以及是否满足受众群体的需求，这样才能创作出受到大众喜爱的文创产品。

第四节　文创设计的创意表达与表现方式

一、文创设计的创意表达

（一）创新性

社会在不断地变迁，历史上的文化、思想适用于过去的社会时期，不一定符合当今的价值观念，新的时代在衍生新的文化思潮，因此，我们应该吸收传统的精髓，消化并传承，再加上现代生活的体验，将当今社会人类的情感融入其中，创造出新的文化。中国文化是活的文化，不断包容不同时空的新观念，继往开来地代代更新，中国文化最有价值的，就是它具有生生不息的生命力。许多传统文化元素可以与我们当代人的新的人文情感以及现代生活用品相结合，这种文创产品既有传统文化元素，又融入了当代的人文精神，且设计师对其中二者的比重关系进行了把握，可以体现产品的文化元素特征。对于传统文化的认识与再设计，不应只是复原当时的感受，而且要找到当代的思想方式，融合真实的思考，体现渴望和期望。产品的附加值可以提升产品的价值，相同或类似功能的商品很多，其价格甚至相差百倍，如品牌手表、项链、皮包与钢笔，可以行销百年经久不衰的绘画作品、收藏品、音乐、建筑等。这里强调的是通过提升意识形态等价值元素的方式使商品理念迎合消费者认同的心理价值需求。意识价值元素又包括创意、知识、美感、情感、价值、商品理念等方面。

有着"产品设计界奥斯卡奖"之称的德国设计奖 2018 年获奖结果在德国汉堡揭晓。青年设计师胡易冰、何家辉联合设计的作品《智能手环念珠》(Buddha Moment Beads)，从来自 60 多个国家的 2 万多个参赛作品中脱颖而出，斩获德国 iF 设计新秀大奖（iF Design Talent Award 2018）。该作品自 2019 年 3 月起，在 iF 官方网站及各大国际设计奖论坛无限期展示。

此次获奖作品《智能手环念珠》，是一串拥有一颗电子珠的佛珠。该电子珠上有一块电子显示区域，并具有震动提醒的功能。使用者可以通过设置计时器来完成每日的精神活动练习提醒；同时，通过蓝牙连接，可在一款名为"Beads"的手机应用软件上浏览每日的练习时间、运动里程以及佛珠的转动次数等数据。另外，结合软件界面上的电子日历，手机软件界面中的虚拟莲花会随着每日的练习积累而逐渐生长，并最终在每个月的月底绽放，实现科技与美学的双重结合。

德国 iF 设计奖评审专家委员会认为，这款设计最大的亮点就在于它以优雅的、分离式的方式整合了科技与灵性。当科技的元素遇上了灵性的仪式感，两者完美结合，简单而有效地提醒人们活动、练习。同时，产品本身也是一种小的进化，在佛珠手串的外观中很好地融入了生物学的形态，让人佩戴时更加轻松和自然。

（二）文化性

文字、绘画、诗歌、传说等文学语言中的文化符号可以被提取出来运用到文创产品设计中，这些符号能够传递某一时期和地域的独特情感色彩，反映人们对事物和精神层面价值的追求，进而塑造特有的审美思想。在现代社会中，卡通文化、"90后"和"00后"的潮流文化都是各具特色的文化形式。这些文化形式能够帮助文创设计师充分发挥创造性和思维能力。

1988年，中国香港著名设计师陈幼坚与日本钟表制造商SEIKO合作，创造了一个融合中国书法精髓的汉字时钟，分针每到一个整点刻度，就会与表盘上的笔画巧妙地合成一个完整的汉字，至今依然经典。后来，原先的汉字时钟演变成了可佩戴在手腕上的潮流单品——腕表，且被命名为《当下》（Now）。这款腕表以有着中国书法笔触的分针作为设计轴心，分针与表盘上的笔画一起构成一个完整的中国汉字指示整点，表盘背面上刻着设计师的名字，整体设计极富艺术表现力。

（三）市场性

典型的文化创意产品通常能够作为公司、城市或国家的形象代表，可以成为公司品牌、城市品牌甚至国家品牌。通过设计品牌形象，设计师能够创造出令人印象深刻的视觉效果，从而提高公众的审美品位和认知水平。随着有效需求的迅速上升，北京、上海、广州、杭州和深圳等城市正积极推进创意产业的发展，并建立了一批领先的创意市场和产业集聚区。我国文化创意产业市场尚未达到成熟期，市场需求波动较大，且产业链仍待完善。因此，文化创意设计产业有着广阔的前景，是当今时代的朝阳产业。城市旅游纪念品的设计宜凸显城市的主题和文化内涵，以展现城市文化的包容性和交流融合，向全球传达城市的历史地位和文化魅力；要具有开放性和多元性，体现世界性的文化影响和融合，展现城市在中国文化发展史中的重要地位和作用；要具备在全球市场上的可推广性，宣传中国文化和各城市特色，以促进国际消费者对中国的了解和认识。此外，旅游纪念品也要具备一定的经济价值。

2019 年，上海首家集文创产品展示、零售交易、版权洽谈于一体的实体店"海上文创"中华艺术宫店对外开放，这家实体店为包括中国国家博物馆、大英博物馆、上海博物馆、上海昆剧团、上海大剧院在内的 62 家文博单位及文创企业的 800 余种文创产品打造"永不落幕的文创产品博览交易平台"。

（四）实用性

文创产品最大的意义在于浓厚的生活性及浓缩文化的精髓。随着我国传统企业改革和现代化升级的不断推进，文化创意产业呈现出强劲的发展势头。在设计一款融入当地特色的实用文创产品时，首要考虑的是对当地历史人文特点的深入研究，必须使文创产品与消费者建立情感纽带并达成情感共鸣，只有这样，消费者才会主动购买。使用隐喻化的设计技巧，可以建立产品与消费者情感之间的纽带，让消费者与产品建立深厚的情感共鸣，这种方法在实现文化创意产品创新方面具有重要作用。武汉以其独特的荆楚文化和深厚的革命历史传统而著称。武汉拥有深厚的人文历史底蕴。黄鹤楼作为中国三大名楼之一，吸引了许多文人墨客前来并留下诗词名篇。在武汉的民间信仰中，人们将九头鸟视为一种神圣的鸟类，认为其是智慧和力量的象征。九头鸟象征着武汉人民持之以恒、勇往直前的精神特质，表现出他们从不放弃的坚定决心。我们还可以对出土于湖北的文物，如曾侯乙编钟和越王勾践剑等进行深入挖掘，将其中所蕴含的历史和文化精华转化为视觉元素并融入设计中，以展现它们的美学价值。以茶具为例，茶具是茶文化中最为重要的组成部分。荆楚茶具设计主题是"玩味荆楚，品味荆楚"，该设计让传统的荆楚元素纹饰融入茶具，能使品赏者感受到浓厚的当地文化气息。

（五）工艺性

在进行文创设计时，应以消费者为中心，充分考虑消费者的需求和期望，从人性化的角度出发，以满足消费者的需求为目标；通过探索新的材料、方法和技术，从产品功能的角度出发，能够降低产品成本、提高产品质量和竞争力。通过创新材料、创新思维和创新方法不断推动产品创新发展。随着现代社会的发展，出现了许多新奇材料和先进工艺技术，设计师必须善于利用这些创新的资源，以满足消费者对时尚审美的需求，打造出独具特色的产品。实践证明，新材料的推出和应用有助于激发文化创意设计师的创作灵感，使产品设计的元素更加丰富、新颖、有趣，为人们提供更加多样的审美体验。

敦煌藻井是敦煌莫高窟装饰艺术的重要组成部分，艺术家们在建筑顶部绘满图案纹样来表达"天外之天"的意境。文创产品——藻井磁性置物垫，将磁铁与杯垫结合，每一块杯垫既是独立的，又可以根据实际需求随意拼合成桌垫等。该置物垫使用磁铁橡胶材质，柔韧性强，可随意弯折扭曲，使用寿命长，其表面结合敦煌藻井图案，突显敦煌藻井的绚丽华美，兼具装饰性和实用性。

（六）地域性

随着人们情感需求的不断加强以及审美品位的不断提高，设计师在文化创意产品的设计过程中越来越看重人文价值和情感心理需求的提升，将精神与人文价值推向更高的层面。他们深入剖析人们居住的环境和生活方式，强调将文化情感巧妙地融入产品的形式、功能之中，使消费者获得良好的情感体验，进而主动地购买产品。例如，西藏的文化、建筑散发着独特的本土风情，具有古朴、原始而极具地域文化特色的迷人特质，是极具地域性的文创设计产品开发的最佳对象。

（七）体验性

为了在文创产品中准确、有效地传达文化内涵，设计师需要明确产品的主题，包括清晰的文化概念、文化形式以及受众定位，以此为基础展开设计。可以将一种文化理念融入不同形态的产品设计中，打造一整套相关产品。2018年故宫博物院推出的故宫娃娃系列就是使用类似的材料和技术通过不同的元素来凸显和加强故宫这一主题文化，在实际的展示和出售过程中更是将购物环境也布置成与这一主题文化相契合的样子，以此提升消费者的整体购物体验。

全球化让文化交流变得更加便利，但东西方文化的差异时常会引发一些误解。以科学的方法探究东西方文化之间的差异与共性，可以帮助我们有效地解决由文化差异带来的问题。只有通过这种途径，我们才能真正践行"民族的即世界的"理念，促进各种文化之间的交流和融合。中国应该在推广具有国际影响力的文化形象的同时，凸显本土文化的特色，使文化创意产品更具本土性，可以运用国际化的设计方法和现代文化观念来进行设计。

二、文创设计的表现方式

即使技术再出色，也需要一个优秀的平台来展示技术，而对于一件优秀的文化创意作品来说，最重要的便是独特的设计想法。在文创设计过程中，设计师可以拓展自己的思维领域，打破专业限制，放眼整个艺术领域，通过提升审美水平来获取新认知和灵感，以实现更高层次的设计创新。

（一）复刻式设计

复刻式设计是一种将物品原有的形状直接缩小并复制，进而将其应用于文化创意产品设计的方法。一般来说，这种文创作品的设计方式会尽可能地保留物品原有的外形，大小比例与原作相同或略微缩小。就复刻设计的功能而言，可以划分为保留功能与转换功能两种类型的设计。

（二）提取式设计

在元素提取式设计中，要选择文物造型中最具代表性的局部图案或元素，并将它们巧妙地融入各式各样的文化创意产品中，以达到创新的设计效果。在提取式设计中，有形态转换型和形态不变型两种不同的方式。

例如，台北故宫博物院的文创设计产品——翠玉白菜伞，是该博物院的人气商品，是炎夏午后或大雷雨天的必备品，半绿半白，晴雨两用，打开伞面，边缘如菜叶，收起来就是翠玉白菜造型，颇受消费者青睐。

（三）诠释式设计

诠释式设计是一种深度挖掘文物背后所蕴含的文化历史和象征意义的设计方式，在设计中，不受文物的外在形态和纹饰等表面元素的限制，而是结合人们日常生活的需求和时尚元素，创作出与原作品具有相似的精神内涵但外形不同的创意产品。意境诠释是一种高阶的文化创意设计方式，通常被用于设计和制作小型文创产品，例如首饰配饰和生活用品等。这种设计方式创作出的文创产品或许在外观上与文物原作并不相似，但经过仔细欣赏和观察就能感受到其与原作相通的文化内涵和艺术魅力。运用这一诠释手法需要设计者深入理解文物原作的内涵和意义，并运用符号转换的能力将这些元素融入文化创意产品的表达方式中。

第二章　文创产品设计方法与标准

　　一件产品的功能一般来说并非单一的，它可能同时具备多种实用功能和一定的审美功能，在文创产品设计过程中，合理安排文创产品的功能以及各功能之间的关系是其中的关键一环，这就需要文创产品设计者制定并遵循一定的方法和标准。

第一节 文创产品设计方法

一、进行功能性的设计

在一百年前，包豪斯设计学院就提出了功能主义和实用主义的理念，旨在适应当时大规模工业生产和生活的需求。人们出于某种特定目的而设计产品的实用功能，将产品作为实现目的的工具。例如，汽车是代步工具，能够提供便利的交通方式；手机是一种通信工具，能够实现远距离的交流沟通。一般情况下，所有大规模工业生产的产品都具备实用价值，这是产品必备的基本特性，当然这并不包括那些只是按流行审美标准批量生产的工艺品。

通常来说，设计师在设计文创产品时，会考虑到消费者的需求，选择一些日常生活中常用的物品作为设计载体，以便吸引大众购买。同时，设计师也会将文化元素融入产品设计中，使得文创产品更具有内涵和吸引力。通过仿生技术以及提取表面肌理、色彩、质感和造型等元素的方法，设计师将要融入作品的文化元素具象化，转化为一定的实用功能，增强产品的实用性，将文创产品打造为可供消费者日常使用的生活用品。例如有两款灯具，具有独特的创意设计，它们以非常规的形态取代了传统灯具。其中，一款以牛奶盒为设计灵感，另一款则将未安装的灯泡转变为发光灯具，使其不仅仅具备照明功能，更展现了出人意料的创造力，令人感到设计十分巧妙，给人眼前一亮的感觉。这两款灯具亮度远超传统灯具，同时在设计品位上也颇具水准。

二、进行趣味性的设计

美好的感受，例如幸福感和愉悦感以及趣味性，会相互促进，刺激人们产生积极的情绪反应，使人获得愉悦的心情体验。这类体验有助于缓解压力，同时也能够激发人们的好奇心，提升学习效果。现今市场上有许多产品，重点在于为消费者提供娱乐体验，这些产品不仅满足了消费者对于"好玩"和

"有趣"的需求，更反映了人们在快节奏生活中寻求心灵放松的渴望。在文化创意产品中，趣味设计通常是协调的，旨在为人们提供全面的体验。文创产品设计师会逐步挖掘形态设计、功能设计、人机交互和文化因素，并将这些元素融合得更为完美，从而让设计变得更有趣，达到一个全新的高度。由于群体的年龄、性别、教育背景和社会阅历存在差异，因此对于趣味的理解方式也会有所差异。有些人注重产品的实用功能性，有些人则更加追求产品内在的品质和细节体验，还有人则更加关注产品带来的视觉和感官上的愉悦体验。因为需求的多样性，不同层面的趣味性也在增强，使得人们可以享受到多样化的乐趣和审美体验。在进行设计创作时，需要注意到产品趣味性的影响因素，并深入研究如何利用各种技巧来让设计变得更加有趣。

（一）趣味设计因素

为了满足不同人群的需求，趣味设计需要综合考虑多方面因素。

1. 年龄

不同年龄层的个体在追求娱乐和乐趣时，会有各自独特的偏好。年轻人更在意产品的外观颜色，而年长者则更注重产品的实用性以及产品本身具有的趣味性。

2. 性别

就性别而言，女性更偏好柔和舒适的体验，而男性则更倾向于简便、快捷、直接的设计。

3. 消费能力

针对消费者的购买力而言，日常生活用品的趣味设计注重增强产品的亲和力和情感关怀，产品的趣味性不是通过产品的价格体现的，趣味设计通常是在简易产品功能设计的基础上进行的。产品设计师应在日常用品的设计中融入消费者的情感需求，让趣味设计更加人性化。我们不应该仅从产品表面的趣味性去感受产品的意义，还需要不断地扩展其深度和广度，持续推进趣味设计的发展。通过在产品设计中注入趣味性设计元素和设计理念，可以为产品注入感性和生命力，增强产品的亲和力。因此，我们应该将相关的设计元素和理念贯穿于产品的外观、功能、用户体验和文化内涵之中，以创造出更具有趣味性和亲和力的产品。

（二）趣味设计方法

产品的趣味性设计包括产品造型材质色彩方面的趣味、实用功能层面的趣味、人机互动的趣味和产品的综合趣味四个层面的设计，在设计日常生活用品时，应从下面几个角度出发设计产品的趣味性：

从造型层面趣味设计出发。如洛可可设计的大圣归来手机壳，在造型层面利用形态的相似性进行形的套用，巧妙地运用形态的象征意义。

从功能层面趣味设计出发。离开了功能效用而去刻意追求形态的趣味性是毫无价值的设计。功能的趣味性不仅是指单纯意义上的基本的使用功能，而且要在使用功能上作细致入微的考虑，考虑使用者使用过程的体验，给使用者带来不同的生活方式和享受生活的趣味性。

从人机互动层面趣味设计出发。如泰国 Qualy 花盆，当花盆内水不够的时候，小松鼠就掉进洞里，提醒人们给植物加水。

从综合多层面趣味设计出发。在设计过程中，需要综合考虑不同年龄段、性别、购买能力等多方面的因素，以人的需求为出发点。设计的核心在于以人为本，这一理念基于多种用户体验设计、情感设计等学说的支持构建。通常情况下，为了让日常生活用品更有趣味，我们需要从外观、功能和用户感受等方面考虑趣味化设计，例如注重产品故事的趣味性、文化内涵的丰富性、游戏的策略性等方面的设计。设计需要遵循一定的规则，包括基础外观设计以及内涵设计的添加。将人的需求放在产品趣味设计的核心，这是一种以人为本的思想。这种思想建立在多种理论基础上，强调更多地关注人们深层次情感和心理上的需求，而非单纯关注产品外观。生活日用品是产品趣味性设计研究的对象之一，它可以作为研究依据，在实践设计中提供行之有效的指导。这意味着设计者需要更加重视产品内在趣味性的设计，从而为消费者提供更加丰富的心理和精神层面的感受。

三、进行融入情境的设计

情境性设计方法不仅强调产品的实用性，还强调依据产品的"精神气质"来进行设计。这种产品具有艺术品的特质，具有实用性和艺术性两方面的作用，不使用时，其可作为供人观赏的艺术作品，一旦开始使用，产品的内涵就会慢慢展现，从使用方式、情感核心到精神联系，不断深入用户心灵深处，使消费者获得深刻的精神体验。这类产品中，最具有代表性的为表现茶道、香道和花道的产品。为洛可可设计的高山流水，寓意通过香道营造山水意境，体悟人生哲学。

产品设计中的场景，是指用户与产品在特定环境下互动的整体系统，由产品、用户以及环境共同构成。场景研究是一种探究产品未来使用情况的方法，以人、环境、产品等为主要研究对象，并分析它们之间的相互作用关系。在产品设计中，通过场景研究来平衡考虑场景的三个因素，从而设计出更符合用户需求、提升用户体验的产品。

为了开发出新产品，研发团队通常会使用各种研究方法，如追踪和调查目标用户、信息搜集、场景记录以及场景仿真等。消费者的行为表现各具特色，其背后的原因非常复杂。仅凭简单的信息调查难以全面而准确地了解受访者的实际动机、目的和感情状况。为了充分掌握用户的需求，我们需要通过观察用户的现场行为表现来了解用户，亲身体验他们的使用情境，并且深入观察和了解他们的情感变化。采用这种方法，我们能精准地把握用户的关注点，然后满足他们的需求。

长期以来，设计师们普遍认为，产品与用户之间的互动仅限于产品的使用阶段。这种观点缺乏全面性，因为用户与产品之间的信任和情感共鸣是在最初接触产品时就开始建立的，甚至在使用产品之前就可能已经存在了。用户的需求通常蕴含在其习惯和态度中，通过观察、体验用户的使用场景，设计者能够捕捉到一些用户潜在的需求。通过以用户的日常生活细节为蓝本进行场景构建，可以帮助产品设计师更好地了解用户的行为习惯和需求。这样可以更好地了解用户情绪的变化，采取相应的应对策略，同时还能更好地理解用户和产品之间的互动目的，从而提高产品的用户体验。设计师可以确定产品和用户之间的潜在交互点，通过提供交互所需的功能和信息，并合理定义产品与用户之间的互动方式，使产品与用户的日常生活实现有机结合。另外，采用该方法能够防止设计师由于缺乏经验或没有考虑充分而导致设计不完备的情况，从而避免用户面临其他潜在问题的风险。

通过提取核心需求的要素来确定产品的属性。完成上述流程后，需要对所获得的用户目标和需求进行综合总结。一般来说，消费者挑选商品时会考虑个人喜好和实际需求，但设计师有时未必会充分考虑到这些因素。普通消费品通常要考虑到大众需求，考虑的需求过于具体的产品往往只能满足少数特定群体的需求。为了满足大众用户的核心需求，我们可以采用多种表达方式并从中选择最佳的解决方案来完成产品设计。因此，设计师需要对用户表现进行整合提炼，挖掘其产生需求的根本原因，以此作为产品设计的依据，满足用户多样化的需求。

通过模拟场景测试和验证产品的功能和性能。设计团队在完成产品定义之后，需要使用关键场景路径方法来进行定义验证以确保产品符合要求。通过构建虚拟的关键路径场景，产品设计可以帮助用户真实地体验产品的功能，设计者可以根据用户行为模式来验证设计假设的合理性。这种方法的好处在于能够在设计工作开始前就以较低的成本排除一些不实际的需求，进而提高设计效率。另外，设计师可以考虑更多的情景，并在场景脚本中加以体现，以确保设计的完整性并提高设计效率。知乎凭借沉浸式的知识体验和创新设计，再次构建了一个独一无二的线下创意体验馆。这是一家"专治不懂"的魔法诊所——不知道诊所，将知乎上专业、有趣、多元的内容以创意体验馆的方式展现出来。展览特设七大诊室，更特邀15位知乎优秀回答者现场"专家看诊"，全方位解答各种"不懂症状"，满足青年人群的好奇心。

四、进行故事性的设计

文化创意产品的设计师需要具备更多的技能和能力，不仅仅局限于贴图设计技能。故事性设计是设计文化创意产品时经常使用的方法之一，设计者能够通过故事叙述的手法来阐释产品所蕴含的文化内涵，并且借此激发消费者的共鸣。为了讲述产品设计的故事，需要先挖掘出产品的特点、亮点和科技要点，以此为故事节点展开讲述。

要实现故事性设计，需要深入了解产品的文化历史背景，包括产地、传统文化、制作工艺与流程等方面，并理解非遗手工艺者或设计师的个人情感和理念。同时，还可以采用讲述产品背景故事的方法，生动地展示其吸引人的特点和重要价值，从而引起观众的兴趣。讲故事的文案需要有一个完整的结构，包括开头引入故事情节，中间展现故事发展，以及结尾呈现故事结局，让整个故事具备合理的逻辑性，让受众深入了解产品的重要文化特色，也对次要的文化特色有所了解。

五、进行高科技的设计

人们难以想象科技的发展速度，虽然一些前沿科技尚未普及，但科技的进步和应用推广常伴随着创新形式的产生。尽管全息影像技术在近几年被广泛应用，并且人们可以利用简单的设备实现全息影像效果，但是这种技术在文创产品设计领域尚未得到充分的应用。当前虚拟现实（VR）和增强现实（AR）技术也正在渐渐融入人们的日常生活，这些技术可以被用来强化产品的讲述特色。通过使用传感器、光感器、震动器和摇晃器，结合多维场景的渲染，更进一步发展出的 7D 技术能够完美地模拟真实场景，让人感觉仿佛置身其中。目前，7D 技术仅在大规模的博物馆和展馆得到应用。但是，如果将 7D 技术应用于文化创意产业，设计师就可以打破时间和空间的限制，为人们带来更加深刻和真实的历史文化体验和感受。对于设计师来说，了解当下科技的发展和运用是必不可少的，他们需要运用先进技术，带来更符合人们需求的产品。故宫文创产品的优秀代表作——故宫猫 AR 绘本，其点睛之处在于，运用 AR 技术讲述文物故事。

除了以上几种创新设计方法以外，还有很多其他的方法，并且创新设计方法需要以传统的设计方法为基础或与其他方法结合使用。为了满足大众的审美需求，设计师应该采用多种设计方法进行文创产品的设计。只有这样，文化创意产品才能获得广泛的认可，扩大影响力和传播范围，充分发挥其教育作用。

第二节　文创产品设计标准

一、以市场为导向的原则

市场导向原则的核心是根据市场需求研发产品，而不是仅凭个人创意随意研发。这意味着文创产品设计者必须与市场保持紧密联系，及时了解市场所需的产品类型，并据此开发相应产品。在设计文创产品时，需要综合考虑市场需求和文化价值，使文创产品既具有独特的文化内涵，又能够满足市场需求，吸引更多的消费者购买。20世纪50年代，在西方发达国家随着买方市场的出现而产生现代经营思想。经过数十年来的更新和迭代，该理念已成为当代市场营销学的主线。这种观念倡导企业根据顾客或消费者的需求制造和销售产品。根据这一原则，企业应根据市场需求进行产品规划和销售，而不是仅凭现有产品来吸引客户。企业的主要目标不是单纯追求销售量的短期增长，而是把眼光放在长远地占有市场份额上。在这样的理念指导下，为了实现可观的盈利，企业会持续满足市场需求，并通过扩充销售份额的方式稳定增加营收。企业极为重视对市场的调研，他们积极地探寻尚未得到满足的市场缺口，通过制定产品开发、定价、渠道和促销策略来满足消费者的需求，在时刻变化的消费需求中寻找机会，实现企业的持续发展。

文化创意产品的需求和供给是在市场经济的运作机制下进行联系和调节的，二者共存于市场体系之中，文创活动得以不断发展正是由于文创产品的需求与供给之间的矛盾一直存在。经济活动的基本矛盾在这种矛盾运动中也有所体现，而经济活动的核心内容则在于需求和供给之间的经济联系及其变化和发展。要实现供求平衡的目标，必须借助市场机制的运作，因为只有这样才能达到调和矛盾、协调或解决供需之间的冲突。若想使文创产业健康而有序地发展，必须保证文创产品的供需平衡，即保持产品结构平衡。

文创市场瞬息万变，消费者的需求在变，竞争对手的战略在变，文创相关法律法规也在不断完善，影响文创企业的内外环境日新月异。一个文创企业能否适应文创市场的发展变化，适应到什么程度，是文创企业能否在竞争中求得生存和发展的关键。因此，文创企业必须以市场为导向，适时进行资源合理配置，扬长避短，有针对性地开展市场营销活动，确保企业经营目标得以实现，这就需要制定自己的市场营销战略。文创行业面临着不同的挑战和变化，文创企业所处的内外环境受到消费者需求、竞争对手策略以及文创法规的不断演变和进步的影响。文化创意企业必须灵活应对文化市场的变化，并且达到高度的适应性，这是影响企业在市场竞争中生存和发展的关键因素。文化创意企业应该以市场为导向，灵活利用资源，发挥自身优势，避免不足，有计划地实施市场营销策略，以达成经营目标。制定适合自己的营销战略是至关重要的。市场营销战略关系到今后相当长一段时间内文创企业的发展目标，是文创企业市场营销计划的重要依据。因此，市场营销战略正确与否，对文创企业的兴衰成败举足轻重，有着重要的影响。若一个文创企业的市场营销战略错误，即使文创的具体行动方案多么细致、多么全面，销售队伍多么强大，也会在激烈的市场竞争中迷失方向，对企业的生存和发展构成威胁，甚至被竞争对手击败。

二、强调差异的创新原则

通过差异化设计，可以增强产品的创新性和独特性，使产品与众不同。可以通过目标市场定位策略，采用不同的设计创新方式以满足不同的消费者群体和产品特点，还可以进行市场调研，分析消费者之间的消费行为差异，并精确地划分和定位产品的品类。将所有潜在客户和现有客户分成若干具有相似特征的群体，以便根据不同市场需求和购买行为制定针对性的设计策略或方法。可以从以下几个角度考虑定位分类方法的选择：

地域创新：地方文化具有根植于当地特定生活和环境背景、历史悠久、文化底蕴深厚等特点。通过创新的设计方式，结合不断变化的地方环境，将当地特色文化特点融入产品设计中，能够赋予产品更加独特、鲜明的地方特色和文化气息。在设计文化创意产品时，应该全面探索地域文化的独特元素，通过巧妙地将其融入传播和商品设计中，以差异化的方式进行创新，为文创产品注入更为丰富的内涵和独特的地域文化特色。

产品品类创新：旨在设计出一系列相同类型但拥有不同规格、质量、特色和风格的产品，以满足不同顾客的需求。这种创新能够有效避免产品同质化的现象。在进行文化创意产品的创新设计时，应注重将产品打造成一系列品牌化的产品，对整体形象进行规范，以加强设计主题和个性的展示。

消费群体差异化创新：是一种基于消费群体的需求和心理特征的个性化策略，通过针对不同消费群体进行产品设计和营销方面的差异化处理，旨在满足各种消费群体的需求，提升购买体验和品牌价值。如果对消费群体进行分类细分，可以更好地针对不同群体的需求开发不同类型的产品，实现产品的丰富性和独特性。

随着近些年"互联网+"发展模式的兴起，文化创意产业开始采用这种创新方式。现今，文化正在以更符合时代精神的方式积极地渗透到人们的日常生活中，不再要求人们按照传统方式去感受。要打破同质化的现象，就需要创新。为了让产品具备差异化特点，产品设计者要能够综合运用多种创新方式，例如改变产品的外形、改良工艺技术、采用新型材料以及创新展示方式等。文创产品的成功关键在于创新，需要挖掘独特的创意并将传统元素与新颖的概念相结合，向产品中注入独特的设计理念，拓宽文化创意产品的适用范围，只有这样才能打造出引人入胜、令人感兴趣的文创产品，从创新的视角增强人们对文化的认知和归属感。2017年12月29日，敦煌研究院与腾讯公司达成战略合作，携手发起"敦煌数字供养人"计划，号召大众通过游戏、音乐、动漫、文创等多元数字创意，参与到敦煌文化的保护和传承事业中来。

三、兼顾美观与实用的原则

在多项实验中发现，人们在选择产品时普遍存在美学实用性效应，即人们往往认为美观的设计会更加实用。人们在生活中的方方面面都追求美的享受，因此那些既美观又实用的产品就成为人们美化生活的首要选择。这一现象对于产品设计者设计出受到大众广泛接受的产品具有一定指导作用。

设计中的美学是至关重要的，因为具有美感的设计比缺乏美感的设计更能够激发积极的情感，使人们更愿意接受设计中的小瑕疵。美学实用性效应还有待考证，但事实上，设计更加美观的产品更容易引起关注与使用，设计缺乏美感的产品会更容易被忽视，这些观念在人们的头脑中已经根深蒂固，尽管存在争议也难以改变。因此，在文创设计过程中，应该从用户的感受出发，细心观察用户的情感与喜好特征，总结其美学要求，在和文化结合的同时，设计出符合用户需求的美学性产品，从而让用户拥有温柔的、乐观的、愉悦的、享受的美丽心情。部分文创产品设计只注重外观表现，忽视实际应用价值，导致产品质量受到质疑，被认为是只能欣赏而不实用的。因此设计师要严格控制产品的品质，确保所设计出的产品不仅具有良好的审美性，还能够满足消费者的需求。例如，百雀羚的生产商与故宫珠宝设计师钟华合作，强势推出一款带有浓郁中国风的梳妆礼盒。这款具有精致中国风的产品广受消费者追捧。

四、坚持绿色环保的原则

在开展产品设计时，应从生态平衡的角度出发，充分考虑环保效益，以人与自然和谐共处为原则。在每一项设计决策中，都要注重考虑环保因素，包括绿色材料的选择和管理、降低资源和能源的消耗、减少有害物质的排放、保证产品和零部件易于分类回收以及再循环或再利用等。这样才能有效减少环境破坏。产品设计师需要采用更加严谨的态度和方法进行设计，运用简洁的形式创造产品，以提高其耐用性并延长其使用寿命。

相较于传统设计，绿色设计必须遵循以下六个原则：

（一）资源最佳利用原则

该原则包括两方面，一是在使用资源时，应追求最高效能和效益，避免资源的浪费和不必要的损耗，以达到资源最大化利用的目的，二是应始终秉持节约资源和保护环境的理念，促进资源的可持续利用和环境的健康发展。在设计中，应注重资源的可持续利用性，提高资源的利用率。

（二）能量消耗最少原则

能量消耗最少原则应考虑两方面内容：一是应该优先考虑使用可再生的清洁能源，如太阳能和风能，减少汽油等不可再生能源的使用，这有助于缓解能源短缺问题；二是产品设计应致力于减少在产品生产与使用过程中产生的能源消耗和浪费，并确保浪费的能源不会转化为噪声、辐射或电磁波等。

（三）"零污染"原则

绿色设计倡导"预防为主、治理为辅"的环保策略，摒弃传统的末端污染治理方式。因此，设计师设计时必须认真思考并采取根本性的措施，以避免污染和杜绝污染源的产生。

（四）"零损害"原则

在进行绿色设计时，必须全面考虑产品从制造到消费的整个阶段，综合考虑生产、使用环境、质量和可靠性等多个方面，确保产品的安全性和保护性，并对包括制造商、消费者和其他相关人员在内的所有人员都能产生积极的影响。另外，在产品设计过程中还需考虑人体工程学以及审美原则等，以确保产品不会对人的身心健康产生负面影响。

（五）技术先进原则

要让产品具备"绿色"属性，绿色设计需要采用最先进的技术并持续创新，以确保所设计的产品在市场上获得最佳的竞争优势。

（六）生态经济效益最佳原则

在进行产品设计时，我们不仅应该考虑产品的经济效益，还应该重视产品对自然环境和社会造成的影响，并针对可能对环境和社会造成的负面影响进行评估。换句话说，设计绿色产品的目标是使那些生产环保产品的制造商不仅能够取得良好的生态效益，还能够获得经济上的收益，以达到经济和生态双赢。

全球知名的瑞士环保潮牌 Freitag 推出了一款邮差包。产品利用回收而来的卡车车篷防水油布制作邮差包包面、汽车安全带作包带、自行车内胎用作包边，每一个 Freitag 包的图案都独一无二，代表了个性、一种生活方式，同时也取得了可持续的生态经济效益。

五、遵循系统分层的原则

设计文创产品时，应该从多个层面和角度考虑，同时贯彻系统化的设计原则。由于不同消费者在性别、年龄、性格、文化背景等方面存在差异，采用同一种设计方案难以满足大众对产品的多样化需求，因此，在文创产品的设计开发过程中需要采用多样化的设计方案，以满足消费者多层次的需求，对此可以推出不同价位和档次的产品。

（一）高档文创产品设计

高档文创产品的定价一般较高，但其一般并不是主要的盈利产品。这类产品具有深厚的文化底蕴和审美水准，为了保持文化内涵的传达，包装设计与产品主题保持一致，可能保留有手工工艺技巧的痕迹以突显产品材质的美感。在设计高档文创产品时，要注重产品品牌的塑造，提高产品的品位。

（二）中档文创产品设计

在设计文创产品时，需要考虑消费者的情感需求和精神需求，以创造富有趣味性的产品。

（三）低档文创产品设计

为了让商品能够以低廉的价格出售，满足追求价格实惠的消费者的需求，产品可以选用易加工且价格低廉的材料，在保证产品的品质和特色的基础上进行批量生产。此外，设计师还需要考虑文创产品的系列化设计，以便消费者能够根据需求自由挑选产品。在以满足消费需求为主导的市场经济体系下，为了贴合市场趋势，文创企业必须采用开发系列文化创意产品的策略，靠单一的文创产品是走不长远的。对产品进行系列化设计，能够增强其视觉冲击力，提升其市场知名度，同时还可以拓展产品的应用范围。为了增强产品在市场中的竞争能力，文创企业需要开发多样的产品系列，并且安排各种不同的功能和组合方式，来满足市场多样化的需求。

第三节　文创产品设计中的文化表现

设计文创产品时，文化内涵是必须考虑的因素之一。在中国这样一个文化底蕴深厚的国家，设计师需要不断学习、探索，才能设计出具有民族特色的作品。

一、地域文化与文创产品设计

地域文化是指中华大地不同区域物质财富和精神财富的总和，是艺术设计绵延不绝的源泉。

（一）地域文化的形成原因及审美特点

1.地域文化的形成原因

由于独特的地理环境和人文特色，中国大地孕育了深厚的历史文化，闪耀着辉煌灿烂的光芒。中国今天所拥有的文化，汇聚了历史发展中多种地域文化的精华，这些文化既具有共性，又彰显个性，它们之间存在着一些相互冲突的现象，同时也发生着深度的沟通和交融。我国的地域文化塑造是由多方面因素综合作用而成的，主要因素包括自然地理环境、人口迁移、行政区划的变化以及民族文化多样性等。这些因素相互作用，在具体的区域中形成特定的文化风貌。地域文化是一种具有地域性的独特文化，由特定地域内存在的历史文化、审美趣味、社会习惯和生产生活方式等不断融合发展而成。中华民族的审美观呈现出多元化的特征，因此在巴蜀、关中、吴越、荆楚、岭南等不同的地域展现出各具特色的文化风貌。

2.地域文化的审美特点

首先，地域文化的形成过程具有长期性和相对稳定性。中华民族在不断地适应和创新中成长，经历了几千年的历史变迁，各地的文化形态也演化出各自不同的特点。

其次，地域文化之间具有相互渗透性和相互包容性。我国古代大多数时期政权是统一的，各地域人们的相互流动，使文化习俗互相影响，特别是在几个交汇的文化区域，形成了兼具几种地域文化特点的文化。

最后，地域文化表现形式具有独特性和广泛性。

（二）地域文化对文创产品的影响和启发

1.地域文化是文创产品设计的灵感和基因

英国学者泰勒认为："所谓文化或文明，即知识、信仰、艺术、法律、风俗以及作为社会成员的人们所能获得的包括一切能力和习惯在内的复合性的整体。"[①] 如果缺乏对地域文化的尊重，就会忽略每种文化所具有的独创性，以文创产品设计为例，缺乏地域文化的挖掘，就会导致同质化现象，设计没有特色。

2.文创产品设计可以保护和传承地域文化

文化认知是地域性思维活动形成的易于自觉接受的文化行为，对文化的理解与认同则受到生存环境的影响和制约，具有特定的认知性和习惯性，地域文化决定了设计的文化特征。

21世纪是强调个性化、人性化的世纪，现代设计从地域文化中寻找灵感，可以唤起特定地域人们的自信心和自豪感，使地方面貌丰富多彩、充满活力，促进经济、旅游的发展，进而使地域文化得以保护和传承。挖掘不同地方特色文化，设计出具有地域特色的产品，对于城市品牌的建设和地域文化传承具有重要的推动作用。

二、中国传统美学与文创产品设计

在李泽厚、刘纲纪撰写的《中国美学史》一书中，中国古代美学思想被划分为儒家美学、道家美学、禅宗美学和楚骚美学四大流派。李泽厚认为中国美学的发展不外是这四大思潮在不同时代的产生、变化和发展以及它们之间相互对立又相互补充的历程，深远地影响着人们几千年的文化和日常生活。

---

① 季芳，杜湖湘.艺术设计美学教程 [M].武汉：武汉大学出版社，2015：78.

（一）中国传统美学主张与设计特点

儒家强调"善"，儒家美学主张美与善的统一，强调善的核心地位。因此，艺术不仅要有美感，还要合乎礼教的要求，美与善的统一才能使人们在获得审美愉悦的同时，又陶冶了情操。儒家的另一美学主张强调"中和之美"，中庸内敛的设计主张要求作品节制、和谐，让使用者的心境与心理情绪也达到平和。中国的京剧脸谱、宫廷院落、风筝、剪纸、年画、窗花等常采用对称形式，强调对称美。格言艺术设计的一款文创产品——归一·盘，中国书法艺术中的"藏头护尾""欲左先右"等美学原则在"一"字中得以集中体现，同时也蕴藏着儒家思想的中庸之道，体现了中国文化的博大与韵味。

禅宗美学指在佛教禅宗影响下形成的美学思想，禅宗的思想来源于印度佛教，但它传入中国后融入了中国本土的文化，在适应中国文化的过程中进行了创新性的改造。禅宗美学主张让人们回归本真，追求自然、忘我、自性清净及人生的理想境界。格言艺术设计的一款阐释禅宗美学的文创产品，禅宗美学将设计的形态与内涵完美地结合在一起。禅宗设计理念将生命的体验与感悟融入形式的创造，体现禅意的宁静淡泊与怡然悠远，创造出形神兼备、气韵生动的意境设计。

道家文化是中国的本土文化，道家美学深刻地把握了美的内在本质及美学精神，成为中国原点性美学的重要组成部分。道家美学主张真善美的和谐统一，反对矫揉造作，以自然和谐为法则，崇尚不雕琢的自然之美。

楚学艺术作为上古时期南方艺术的代表，洋溢着浪漫激情与生命活力。

（二）中国传统美学设计原则启示

人性化——以"仁"为基础的文创产品设计。在现代的设计美学观点中，艺术设计的价值观决定了设计的中心是人而不是物，设计对象更主要的是作为承载并享受设计成果的绝大多数受众，在中国传统美学中也强调"仁者爱人""道法自然"等美学思想，体现了人对其他生命的友善和关爱，尊重人的自主性和独立性，体现人性化的设计理念。人性化设计强调设计伦理，注重人性需要的本质，全面尊重、关爱使用者的生理、心理及人格的需要。

和谐化——以"天人合一"为理念的文创产品设计。"天人合一"为中国传统美学的命题之一，它是每一个思想体系都回避不了的问题，儒家的"天人合一"美学思想是论证人与自然环境之间的关系，在设计原则上体现的是和谐化。和谐化原则即设计在处理人、产品和环境要素的相互关系时，使各个对立因素在动态的发展中求得平衡，并将彼此间具有差异性甚至矛盾性的因素互补融合，构建一个有机的、和谐的整体，实现物质和精神等诸多因素的和谐。

纯朴简练——注重自然本真的表达。在纯朴设计中，应注重材料本质的表达，表现出素颜、古朴之美。这一系列的设计作品一般呈现出岁月的沉淀，使观者长久地欣赏并回味无穷，带来长久的美学体验和精神上的满足。

圆融内敛——追求象征寓意圆满。圆融内敛的含蓄设计强调设计作品的完整性，强调形式和表达内容的统一性，注重象征意义和寓意的表达。

三、情感体验与文创产品设计

文创产品具有文化属性和创新性的双重要素，决定了其个性化、差异化的特点，每一件文创产品背后都有"一段故事"，消费者因为消费不同的"文化"而获得了不同的情感体验。马斯洛的需求阶梯由低到高可分为：生理层面的需求、安全层面的需求、社交层面的需求、尊重层面的需求和自我实现层面的需求。通过分析比较不难发现，文化层级、用户体验层级存在着一定的关系，而这种关系刚好与层级关系相对应。作为人本主义理论之一的马斯洛需求理论刚好与诺曼的设计三层次形成映射关系，即本能层次（直观感觉，主要从视、嗅、味、听和触这"五感"获得）、行为层面（交互、互动、社交等）、情感层面（背后的文化内涵、产品的品牌故事、产品的个性和差异、价值判断和选择等）。

（一）文创产品设计中的本能层次

在本能层次对产品的感知，很大一部分是因为产品的形态、色彩、表面纹理、气味及质感等的不同而不同，此层次是属于产品的物质层面，是看得见、摸得着的或者是可以直观感觉到的。

文创产品的本能层级表现，主要是注重文化的物质特色表达，可将传统文物的造型、装饰纹样等直接通过一定的工艺和技术表现在现代产品上，以适应现代的生活方式和审美。

（二）文创产品设计中的行为层次

行为层次是超越本能层次的，所关注的是产品的形态、气味、色彩等，更多层面上的是根据人的生活方式、使用产品的方式、仪式和中间过程等去设计，如产品的功能性、易用性和仪式感等。

（三）文创产品设计中的反思层次

情感反思层次因其所表现内容具有一定意义和内涵，这一层面在高端文创产品的表现相对较多。反思层次又称精神层、心理层，当人们在看到产品或者使用产品后会产生记忆回响，这种回响是消费者在情感层面的反思感受和价值衡量，与产品的意识形态层面是相对应的。对文创产品设计师来说，反思层次是避免文创产品同质化的有效途径，产品背后的文化才是文创产品的内涵所在。反思层面的文化内涵可包括产品的故事性、情感联结和文化象征等特性，应该注重产品的内部意涵和文化意义的深度挖掘。国博美馔以四羊方尊为原型，打造出了四羊方尊考古巧克力，让消费者在感受青铜文化的同时，体验到沉浸式考古的乐趣。

四、文化符码与文创产品设计

文化符码（Culture Code）最早由法国文学家、哲学家巴赫德等于 70 年代初在《符号学体系》一书中首次提出，其核心思想是将文化学引入符号学研究，提出了符征、符旨的扩充论，并且从文化的角度来分析流行符码的系统性和结构性特征。从产品语义的角度来看，设计师和用户共享的"符码（Code）"及其具体的使用精境（Context），是符号语意有效传递需要具备的两个必要条件。设计师在设计过程中向用户传递的产品语义，既包括外延意义，如产品的功能、使用方式等功能性语义，也包括产品的内涵语义，如产品的社会价值及象征意义等情感性语义。

我国台湾地区著名学者杨裕富在《设计的文化基础》一书中所建构的设计文化符码三层次如下：

第一层次：策略层，指设计创意定位。策略层包括设计作品的说服层次与设计作品的说故事层次，设计构思应思考怎样把握文化特色的作用、运用，怎样策划组合规则、策略元素。这个层次往往不易被察觉与分析。在文创产品中，策略层往往需要对人群和文化资源进行充分分析，从而去规划设计品类和设计内容，进行有逻辑、有目的性的表达。

第二层次：意义层，指设计传达的意义。意义层包括说故事层次与语义层次，不过这个层次如果设计师与受众处于同一个文化环境，作品比较容易被察觉和分析。在意义层较多考虑运用怎样的器物参考、视觉元素进行组合，传达哪些内容，这包含传达内容的主次、文字图形的组合等。

第三层次：技术层，指设计的表现形式及手法。技术层作品包括设计作品的美感形式层次与设计作品的媒体层次。当需要传达的内容确定后，技术层需要考虑各种设计元素的传达方式，也就是表现手法、表现形式、媒介等。

这三个层次是文创产品创作中常用的分析方法，是设计作品形成的三个阶段（图 2-3-1）。

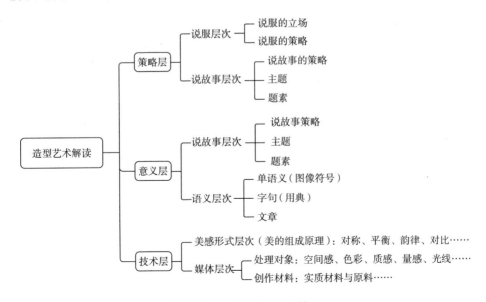

图 2-3-1　文化符码理论体系

第三章　文创产品设计的基本步骤

　　本章在前文研究的基础上，探究文创产品的设计步骤，将设计师角色融入其中，希望通过对各个要素的分析，总结出每个要素的设计方式、选取原则等，最后构建出文创产品的设计模型。

第一节　文创项目管理与市场调研

一、文创项目管理

文创产品设计活动大多数以项目形式表现出来，当文创设计与具体项目的相关技术、管理学相融合，就产生了文创设计项目管理。所谓文创设计项目管理，就是应用项目管理理论和技术，为完成一个预定的文创设计目标，充分考虑到时间、资源、成本、技术、材料和制造等方面的限制，对任务和资源进行合理计划、组织、协调、控制的科学管理活动。文创产品设计流程与一般产品设计流程略有区别，文创产品设计活动阶段模型如图 3-1-1 所示。

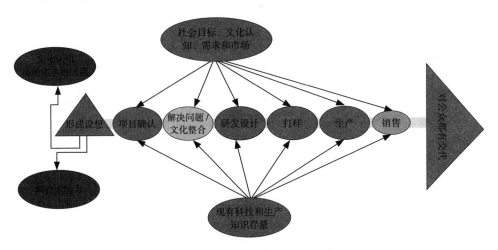

图 3-1-1　文创产品设计活动阶段模型

（一）文创设计项目的管理准备

对于一个比较成熟且具有较长设计经历的文创企业或团队来说，准备工作的内容和所花的准备时间相对较少。但作为第一次涉及文创设计或文创设计活动进行较少的企业，在文创设计项目开始前，由于各团队成员之间的配合较为生疏，是否充分做好产品设计前的准备工作对文创设计项目的成败至关重要。

设计项目开始前的管理准备工作一般包括组建文创设计队伍，进行文创设计前期检查及编制文创设计规划书三个方面。

1. 组建文创设计队伍

企业必须根据文创设计项目的内容、性质及企业自身技术能力的情况来确定是否需要组建文创设计队伍或组建一个什么样的文创设计队伍。通常，由于产品在市场中更新的频率很快，每年需要较多的新文创产品进入市场，而且由于文创设计项目的复杂程度不一，文创企业需要组建文创产品设计队伍。

（1）指定设计经理

在文创企业的设计组织中，文创设计经理（设计组织主要负责人）起着十分关键的作用。在对具体文创设计项目的管理中，文创设计经理的职责主要有以下几个方面：编制文创设计规划书；选择文创设计师和文创设计项目负责人；组织和协调文创设计活动，激励文创设计人员；负责文创设计组织与其他部门的协调工作；管理文创设计项目流程的全过程。

文创企业在选择设计经理时必须考虑其能力和特点方面，与一般经理要有所差异。作为一个合格的文创设计经理必须具备以下能力：深度理解文创主题的内涵；理解设计师，并能充分发挥他们的个人能力；保持有效的人际关系；具有创新战略格局，能正确地进行重要决策；指导文创设计规划书的编制并掌握适当评估业绩的方法；具有获得有关部门理解与协作的能力；理解和熟悉文创设计的基本程序和方法，掌握基本的文创设计评估技能；了解和熟悉文创设计语言，具有展开有效设计沟通的技能；具有把握和主持设计会议的能力，掌握恰当的说明与表达方法。

（2）指定文创设计师

一个文创设计组织需要多少文创设计人员和需要什么样的设计人员，完全取决于文创企业要执行的文创设计项目的数量和设计项目的具体内容。除了考虑技术因素外，还要明确哪些是整个项目中的关键技术。对于具有专门技术或较为关键的技术限制的项目，最好由固定的文创设计师来负责。而且，建成一支永久性的、高水平的文创设计队伍是一个成功企业的长期规划，必须在设计管理的实践过程中逐步实现。文创设计团队一般来说需要具备多种能力，产品设计师、视觉设计师都应兼顾到位，做到全方位互补。

2. 进行文创设计前期检查

文创设计前期检查的目的首先是帮助企业进一步明确文创项目的市场目标，这是设计成败的关键因素；其次是对文创企业内部设计资源的评估，这是避免设计风险、确保设计获得成功的基本措施。

文创设计前期检查的主要内容：检查以往文创设计项目成功与失败的原因，检查设计技术的薄弱环节，检查文创项目管理的能力和水平。参与项目检查的负责人必须了解和懂得文创设计，熟悉文创设计的操作程序，具备一定的文创管理经验，有强烈的责任心，能以较客观、公正的态度来进行这项工作。

3. 编制文创设计规划书

项目开始前一项非常重要的工作就是编制文创设计规划书。一个确切而完整的设计规划书能使文创设计具有明确的方向和目标；能最大限度地降低文创项目风险；能帮助设计师提前熟悉设计内容，尽早进入角色；能积累设计与管理方面的经验。

从文创设计管理的角度看，一个较为完整的设计规划书应该包括设计目标、设计计划、设计要求三个方面的内容。因此，确立正确的设计目标、制订出切合实际的设计计划和明确设计要求是编制设计规划书的基本要求。文创设计规划书的编制通常要经过市场研究、产品研究、技术研究、交流与评估等步骤。

（二）文创设计规划管理

文创设计规划管理是设计管理者对具体的文创项目在执行过程中进行的全面管理工作。在文创设计项目管理准备完成之后，对设计规划的管理便成了设计管理者的中心工作。它对能否达到和完成设计规划书中所规定的文创设计目标起着十分重要的作用。对文创设计规划的管理通常可以采取分阶段的管理、新产品设计与开发流程管理、设计规划的品质管理、设计品质与成本管理、设计品质与日程管理等方式。

（三）文创设计评估

文创设计评估是在设计过程中，通过系统的设计检查来确保文创项目最终达到设计目标的有效方法。其主要功能是及时排除文创设计中存在的问题，确保文创设计质量，并最大限度地降低产品开发风险。英国的设计管理专家根据设计程序将设计评估分为需求评估、前期评估、中期评估和后期评估四个阶段。在这些阶段中，文创设计需求评估就是根据市场中的各种信息情报以及企业内外部各种环境因素，对受众的需求因素作进一步的分析评估，以确保文创设计定位的准确性。文创设计前期评估就是针对设计需求要素明确以后的多种设计方案，通过评估选择一个最为合适的或具有发展前景的方案。文创设计中期评估是在设计的总体方案确定以后，在生产图纸形成以前进行的一次十分关键的评估。这一阶段的评估内容主要是对文创设计中的各个细节内容进行评估。文创设计后期评估是在工作样机制作和试生产结束后，在文创产品进行批量生产前必须进行的。

除了做好阶段评估之外，还要做好文创设计评估的管理。包括做好评估的前期准备，组织好设计评估的实施；包括做好设计评估计划、采集评估信息数据、组织好各类评估参与人员等。

（四）文创设计团队管理

当今文创设计项目的复杂性和艰巨性决定了文创设计项目必须由多职能的文创团队成员共同参与才能完成。许多事实也证明，一个获得授权的多职能团队执行文创设计项目更容易获得成功。但在文创团队成员之间往往又不可避免地存在矛盾和冲突，为了有效地解决由冲突带来的负面影响，高质量地完成文创设计项目，就必须对文创设计团队进行切实有效的管理。

文创设计团队的工作特征从总体上讲，一是文创设计项目要靠集体的智慧才能完成，在文创设计团队中，要让团队成员有平等的参与感和认同感；二是既要重视文创团队的作用，也要重视领军人物个人的作用；三是文创设计团队在设计开发一个项目时，核心团队成员不宜超过8人，理想的人数是5～7人。

为了使文创设计团队成员在同一个设计组织内有效地工作，必须有一个出色的文创项目经理。这个文创设计经理必须具备良好的工作能力，包括在专业技术上的能力和对团队管理方面的能力，有较好的愿景和规划能力，有一定的权限，包括有足够的权限来管理来自不同部门的项目团队成员。

文创设计经理作为设计团队的管理者，任务就是带领文创团队在组织上、管理机制上、工作上保持高效，处理好团队中的不良冲突，为高质量地完成文创设计目标做出贡献。文创项目管理者应充分调动团队成员的热情，发挥各成员的优势，通过合理的项目排期和项目管理确保文创项目如期完成。如图3-1-2所示，即一份文创产品设计过程规划的安排时间表。

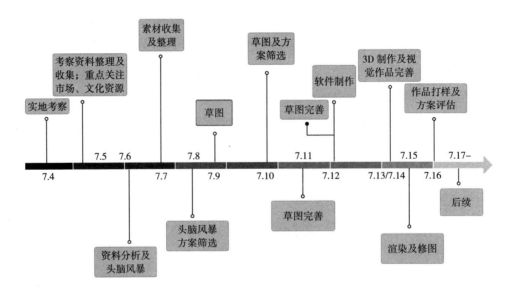

图 3-1-2　文创产品设计过程规划范例

二、文创产品市场调研

文创产品市场调研是一种有计划、有组织的活动，必须遵照一定的工作程序，才能有条不紊地实施调查，进而取得预期的效果。文创产品市场调研的程序一般可分为确定调查主题与调查目标、制订调查计划、选择调查方法、实施调查计划、提出调查报告五个主要阶段。

（一）确定调查主题与调查目标

在文创产品市场营销决策过程中，涉及的范围和内容非常广泛，需要进行调查的问题也很多，不可能通过一次市场调查解决所面临的全部问题。因此，在组织每次市场营销调研活动的时候，应当首先找出需要解决的最关键、最迫切的问题，选定文创产品调查的主题，明确这次调查活动要完成什么任务、实现什么目标。在确定调查主题时，应对主题进行限定，避免出现调查主题不明确、不具体的现象。当然，调查主题的界定也不能太窄、太细微，如果调查主题选得太窄，就不能通过调查充分反映市场营销的情况，使调查起不到应有的作用。

根据文创产品调查主题的性质和调查目的的不同，调查项目可以分为探索性调查、描述性调查和因果关系调查三种类型。

1. 探索性调查

探索性调查一般是在调查主题的性质与内容不太明确时，为了了解问题的性质、确定调查的方向与范围而进行的搜集初步资料的调查。如一个文创企业在自身的经营活动中发现近几个月文创产品销量存在下降的情况，其原因可能是竞争者争夺了市场、市场上出现了新的替代品、受众的爱好发生变化或文创企业产品质量出现问题。此时，文创企业就可以通过探索性调查寻找症结，通过探索性调查了解情况，以及时解决问题，从变化的市场环境中发掘出对市场营销决策有积极意义的新因素。

2. 描述性调查

描述性调查是一种常见的调查，通常是对文创市场营销决策所面临问题的不同因素、不同方面的调查研究。描述性调查强调资料数据的采集和记录，着重于客观事实的静态描述。在文创企业制定短期营销战略调整时，需要对近些年文创产品需求发展变化作出分析与预测。而长期的战略调整则依赖于对现实及未来相关情况的了解，需要对城乡居民的收支结构及变化情况，产品社会拥有率、饱和度和普及率，并且要对现有其他竞品的生产现状等情况作全面调查。此类调查基本上属于描述性调查。

3. 因果关系调查

因果关系调查是为了分析市场营销活动的不同要素之间的关系，查明导致某些现象产生的原因而进行的调查。文创企业在经营活动中，多种因素间存在着许多关联，有些数值是文创企业自身可控制的变量。如文创产品产量、价格、人员及费用开支等；有些则不同，其变化是受多种因素的影响，如销售额、产品、成本、企业利润等。通过因果关系调查，要搞清某种变量的变化究竟受到哪些因素的影响，多种因素的变化对变量的影响程度如何以及这些影响因素将会发生怎样的变化等。

（二）制订调查计划

文创产品调查主题与调查目的确定之后，市场营销调研人员就应当准备一份专门的调查计划。

1. 资料来源

文创产品调查计划必须考虑资料来源的选择。调查资料按其来源分类，可分为第一手资料和第二手资料。

第一手资料指为了调查目的而直接采集的原始资料。大部分市场营销调研项目都需要采集第一手资料。采集第一手资料的费用一般比较高，但得到的资料通常与需要解决的问题关系更为密切，第一手资料常常来自实地考察和深度访谈等。

第二手资料指为了调查目的而采集的资料。文创产品市场调查人员常常以查阅二手资料的方式开始调查工作。与收集第一手资料相比，收集第二手资料的费用通常要低得多。但文创产品市场调查通常以第一手资料为主，博物馆文创侧重文物、典籍、历史等资料的梳理，旅游景区侧重对地域文化、景观特色、民俗文化等资料的梳理。

2.调查方法

根据文创产品市场调查对象的范围大小，市场营销调研可以分为普遍调查和抽样调查两大类。

普遍调查可以获得全面的统计数字，但实施起来费时费力，成本高昂，通常只是政府机构为了某些特定的目的才采用，如人口普查、经济普查等，在文创产品市场营销调研中则极少使用普遍调查。抽样调查是对调查对象总体中的若干个体进行调查，文创产品市场营销调研通常采用抽样调查的方法。抽样调查的种类很多，一般可分为非随机抽样调查和随机抽样调查两大类。非随机抽样调查的样本是由调查者凭经验主观选定，因而选取的样本能否代表调查的总体取决于调查者的经验与判断，容易受到调查者主观意识的影响，使得调查结果误差较大，不能正确地反映调查对象总体的实际情况。如果调查人员经验丰富，有时非随机抽样调查也不失为一种简便的抽样调查方法。

随机抽样调查是根据随机原则从调查总体中选取一部分调查对象作为调查样本，用样本数据推算总体的一种调查方法。根据随机原则抽样，可以排除抽样时主观意识的干扰，使总体中每一个个体被抽取的机会都是均等的，从而保证样本对总体的代表性。这样就可以根据抽样调查的结果来推算总体的情况。由于随机抽样的特点和优越性，它在市场营销和设计调研中被广泛运用。根据抽样技术的差别，主要分为随机抽样和非随机抽样方式。

第一，随机抽样。随机抽样即样本的确定不受人们主观意志所支配，而是采取一定的统计方法进行抽取，总体中的每一个个体被抽取的机会都是等同的。具体的随机抽样方法有以下几种：单纯随机抽样法，即将总体中的每一个个体随意地标上不同编号，然后随机地抽取样本进行调查。系统抽样法，即将个体按序（如按收入的高低等）编号，然后按等间隔抽取代表各种特征的样本，进行调查。分层随机抽样法，即按照不同特征进行分类，然后随机分层抽样并调查。分群随机抽样法，即将调查总体分成若干个区域（群），然后选择一群或数群，在其中运用分层抽样或单纯随机抽样法进行调查。

第二，非随机抽样。非随机抽样法抽取的样本往往受调查者主观因素的影响，抽样方法主要有以下几种：便利抽样法，即样本的选择完全按调查人员的方便而定。判断抽样法,即调查者根据经验来确定调查对象。配额抽样法,即调查者根据项目需要,确定各类调查对象的比重,然后按数额来进行抽样。

(三)选择调查方法

在文创产品市场调查中,对数据资料的采集可以借助以下几种较为常用的调查方法:深度访谈法、人员直接观察法、问卷法。

1.深度访谈法

深度访谈法又称临床式无结构访问,即由训练有素、沟通技能较强的文创市场调查员直接与被调查者进行面对面的询问及讨论,以了解调查对象对某些问题的情感、动机、态度、观点等。深度访谈法是定性研究中经常采用的资料收集方法之一,主要是利用访谈者与受访者之间的口语交流,达到意见的交换,但也要注意访谈技巧。

(1)深度访谈的优缺点

优点:灵活、细致。由调查人员提出多个可自由讨论的问题,便于双方对复杂的问题进行详细的讨论,沟通性较强。一对一的良好的沟通气氛,可缓解被调查者因调查内容产生的紧张情绪,可以获得更深层次的了解。减少语义表达的失误,确保被访对象能明确无误地理解问题的含义。调查人员易作可信度评估,辨别其回答的真实程度。

缺点:受调查人员的素质影响,调查质量很大程度上依赖调查人员的沟通能力和访谈技巧。统计汇总和数据处理较困难,需要专业分析人员进一步归纳和判断。时间长、费用高,实地调研中深度访谈的样本量通常有限。

(2)深度访谈的调研流程

确定访谈对象和准备记录工具,准备背景资料和询问提纲,自我介绍并说明访谈目的,控制和引导被访对象,整理和统计分析。调研完成后,调查人员要及时整理调查笔记,检视、补记遗漏的项目。完成调查后,通过统计分析找到需求,以便进行下一步工作。如图 3-1-3 所示,对深度访谈结果进行统计和图式化整理。

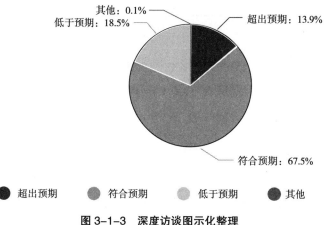

图 3-1-3　深度访谈图示化整理

（3）深度访谈的操作技巧

注意访谈场所和仪表举止要求，尽可能选择环境比较和谐宁静的空间访谈。调查人员是公司形象的代表，在被访谈对象前应表现出良好的修养与个人素质。调查人员穿着力求清洁简朴，目光温和，平视对方，不可盯视对方或左顾右盼，语言表达要清晰、准确，提问简单明了，言谈友善谦和，耐心倾听并鼓励被访对象表述自己的观点。

2. 人员直接观察法

观察法是一种单向调查法，主要是由市场调查人员通过直接观察人们的行为，进行实地记录，从而获得所需资料。人员直接观察根据其具体操作方式，可分为单向观察、行动跟踪等形式，操作较为简便，但需要观察人员具有较强的洞察能力。如表 3-1-1 所示，即为该方法应用的一个具体范例。某具有台湾风情的特色景区，通过对观光人群的出行方式、购买行为、市场产品现状等进行直接观察，可对典型人群、产品现状等进行简单描述和分类，后续可结合其他调研方式以获取更为全面和详尽的调查报告，以便后续的设计创作和营销。

表 3-1-1　直接观察法——产品现状描述

现有产品	量	备注	需求
外来产品	多	多款台湾特色产品和其他产品，如酒、工艺品	
"吃玩"项目	多	台湾小吃、拓展项目等	
根据市场重新创作的产品	少	产品开发较为大众，无序，针对性不强	需开发，但应注重差异化、个性化
本土特色和寄托文化情怀的产品	少	本土特色产品仅限土特产，现有产品纪念价值不高	需大量开发，将文化特色融入产品

（1）单向观察

单向观察是调查人员通过单向镜，了解特定场景下受众的言行和表情。其关键是必须保证被调查对象始终处于不自觉的状态，以得到真实的观察结果。

（2）文创产品调研

观察受众使用文创产品和服务的过程。观察受众使用文创产品的习惯，在使用过程中会出现哪些痛点，从而找到文创产品改良创新的机会。

（3）受众体验标准调研

观察受众的询问内容与顺序。调查人员用"蹲守"或角色扮演的方式，记录受众群体咨询哪些问题、询问这些问题的顺序等，从而分析出各种类型受众的产品体验。

（4）行动跟踪

调查人员在旅游景区和博物馆等场所，可通过游客的行动路线分析游客的兴趣点，重点关注游客停留时的接触点，进行针对性的文创设计。

3. 问卷法

问卷法是定量研究的常用方法之一，是调查者向调查对象了解情况、征询意见的调查方法。问卷包含一系列开放式和封闭式的问题，分别要求被调查者选择判断和写出相应的答案。

问卷的调查方法运用的技巧关键在于问卷的设计、调查对象的选择和环境控制三点。首先，问卷设计需要把握调查对象的心理特征，遵循一定的心理顺序，以防受访者感到不舒服。其次，了解调查对象对问卷语境的理解能力，调查对象选择是否准确、问卷的问题设置是否能够洞察调查对象动机，调查人员应做好事前预判。最后，为适应不同受众和环境，应设置好问卷的层级和逻辑，从而获得不同层次人群的需求数据，避免调查对象过于单一。

问卷调查法的优势是成本低、数量大，能够较快地得到反馈。在互联网时代，在线问卷也提供了许多便利，受到的限制也会更少。

（四）实施调查计划

实施文创市场调查计划包括两个步骤：文创市场数据资料的收集和文创数据资料的加工处理与分析。

1. 文创市场数据资料的收集

文创团队的领导者要时常关注调查工作，防止调查中出现偏差，以确保调查计划的实施。比如，在运用观察法调查时，要防止调查人员出现遗漏信息等差错；在运用询问法调查时，要防止调查人员有意或无意地诱导调查对象作带有倾向性的、不诚实的回答，要协助解决可能发生的调查对象拒绝合作等问题；在运用实验法调查时，要正确控制实验条件，保证获得的实验结果的客观性和可靠性。

2. 文创数据资料的加工处理和分析

对收集到的数据资料必须经过科学的加工处理，才能做到去伪存真、去粗取精。数据资料的处理包括对调查资料的分类、综合与整理。数据资料加工处理中的关键是保证信息的准确性与完整性。

调查资料经过加工处理后，就可以对它进行分析，以获得调查结论。依据资料分析的性质不同，可以有定性分析与定量分析；根据资料分析的方式不同，可以有经验分析与数学分析。当前的趋势是，越来越多的企业借助数学分析方法对调查资料进行定量分析。利用先进的统计学方法和决策数学模型，辅之以经验分析与判断，可以较好地保证调查分析的科学性和正确性。

（五）提出调查报告

在对文创市场调查资料分析处理的基础上，调查人员必须得出调查结论，并以调查报告的形式总结汇报文创市场调查结果。通过调查报告可以初步了解文创市场发展现状，从而根据市场情况提出设计策略和解决方案，调查报告对于决策人员、文创设计师、营销人员等都具有重要的参考价值。

第二节　文创产品受众行为分析与用户角色

一、文创产品受众行为分析

文创产品市场研究的重点是对受众行为进行分析与研究。营销的目标是提供文创产品使受众的需求得到满足。这就需要了解所面对的顾客的购买动机、需求和偏好，同时对顾客进行分析研究，这可以为开发新产品、确定价格和渠道、促销及其组合提供线索。受众行为分析主要包括：受众市场，受众购买行为模式及类型，影响受众购买行为的主要因素，受众购买决策过程等。

（一）文创产品受众行为分析的主要内容

从心理学角度分析人的动机、感觉、学习、态度和个性，有助于营销者了解购买者的购买心理活动及其对购买行为的影响。

从社会角度研究分析社会阶层、家庭结构、相关群体等对购买者行为的影响。

从传播学角度研究分析购买者如何收集产品信息、获取信息的渠道以及他们对产品宣传的反应等。

从经济学角度研究分析购买者经济状况如何影响购买者的产品选择、费用开支以及如何作出购买决策以获得最大的满足感。

从文化人类学角度研究分析人类的传统文化、价值观念、信仰和风俗习惯等对购买者行为的影响。

（二）文创产品市场及受众购买行为分析

文创产品市场也称文化受众最终市场。这个市场的顾客，是广大关注文化的受众，购买的目的是满足个人或家庭的文化生活需要，没有营利性动机。文创产品受众的特点，决定了受众市场的特征。

第一，市场广阔。购买人群常较为集中，如在博物馆、旅游景点等。

第二，市场需求弹性较大。文创市场的产品种类繁多，常针对受众进行高、中、低档分层分析。

第三，专家购买。文创产品市场的购买者大多数具备一定的文化认知。

第四，购买时在乎情感和印象，因此他们的购买决定容易受文创宣传、文化情景空间和服务等因素的影响。

第五，除少数高档耐用文创产品外，一般不要求技术服务。

（三）文创产品受众购买行为模式

文创产品受众购买行为十分复杂，受众在购买文创产品或服务过程中会发生一系列行为反应。它是一个行为过程系统，此系统一般包括六个要素，即"5W1H"——谁买（Who），买什么（What），为什么买（Why），什么时候买（When），什么地点买（Where），如何买（How）。

文创产品受众购买过程中所发生的一系列行为反应犹如一只"黑箱"，看不见，摸不清。外部刺激经过"黑箱"产生反应后，引起行为。因此，受众购买行为是"刺激—反应（S—R）"的模式。受众购买行为的详细模式如表3-2-1 至表 3-2-3 所示。

表 3-2-1　购买者外部刺激

购买者外部刺激	
营销刺激	其他刺激
产品	政治
价格	经济
分销	文化
促销	技术

表 3-2-2　购买者黑箱

购买者黑箱	
购买者特征	购买者决策过程
社会 文化 个人 生理	确认需要 收集信息 比较挑选 决定购买 购后感受

表 3-2-3　购买者反应

购买者反应
产品选择 品牌选择 中间商选择 购买时间 购买地点 购买数量 受众选择具有文化内涵的产品

表 3-2-1 至表 3-2-3 展示了外部刺激进入"黑箱"后产生一系列反应的过程。购买者所受的外界刺激包括两类：一类是营销刺激，主要是指企业营销活动的各种可控因素，即"4Ps"——产品、价格、分销和促销。另一类是其他刺激，主要指受众所处的环境因素，如政治、经济、文化、技术等的影响。这些刺激通过购买者的"黑箱"，即心理活动过程产生一系列反应，就是购买行为，文创产品购买受文化的刺激因素较大。

刺激和反应之间的购买者黑箱包含两个部分。第一部分是购买者的特性。购买者特性主要包括影响购买者的社会、文化、个人和心理因素。这些因素会影响购买者对刺激的理解反应，不同特性的受众对同一种刺激会产生不同的理解和反应。第二部分是购买者的决策过程，具体包括确认需要、收集信息、比较挑选、决定购买、购后感受五个阶段。这会导致购买者的各种选择，并直接影响最后的结果。

（四）影响文创产品受众购买行为的因素

受众的购买行为取决于他们的需要和欲望，而人们的需要和欲望以及消费习惯和行为，是在多种因素的综合影响下形成的。这些因素主要包括受众个人的内在因素，如受众个人特征和心理因素，也包括外在因素，如文化因素、社会因素等。这些因素大多数是营销人员无法直接控制的，但又必须加以考虑的。

1. 文创产品受众个体特征

个体的某些特征会对购买行为产生影响，特别是购买者的年龄、经济能力、职业、生活方式和个性，这些特征值得企业加以重视。个体特征不同，购买方式、品类、动机也各不相同。如从年龄来看，儿童喜欢玩具、文具等商品，老人则注重养生；从职业来看，教师更关注具有文化内涵的产品，设计师喜欢具有设计感的商品；从经济能力来看，高收入群体消费能力强，喜欢艺术品位高、能够代表身份的产品，低收入群体则较关注实用性产品。文创产品设计师对受众个体进行分析，根据个体的行为特征，能够更准确地选择产品品类作为文创产品的载体。如湖南省博物馆根据受众特征设计出了针对中老年群体的养生产品、青年群体的护肤产品、儿童群体的玩具拼图等趣味产品。湖南省博物馆推出的文创产品——"铜趣大冒险"系列，根据文物形态进行提取萌化，符合儿童群体需求。

2. 文创产品受众的心理因素

西方心理学者曾提出一些不同的人类动机理论，对受众行为分析和市场营销的策略具有一定的参考价值，其中最为流行的是人本主义哲学家马斯洛的"需求层次"理论（图3-2-1）。马斯洛按需要的重要程度排列，把人类的需要分为五个层次：生理的需求、安全的需求、社会的需求、尊重的需求和自我实现的需求。值得注意的是，由于文创产品的情感溢价，往往能够满足受众更高层次的需求。

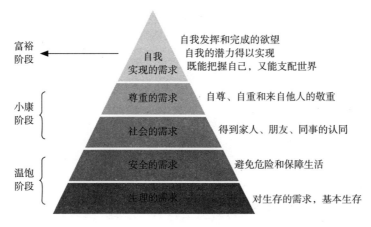

图 3-2-1　马斯洛的"需求层次"理论

生理的需求：包括饥饿、口渴等衣、食、住、行方面的需求，是人最基本、最重要的需求。

安全的需求：主要是为保障人身安全和生活稳定，表现形式为医疗保健、卫生、保险等需要。

社会的需求：包括感情、合群、爱和被爱等需求；希望被群体承认或接纳，能给别人爱和友谊等需要。

尊重的需求：自尊和被别人尊重的需要，包括威望、成就、名誉、地位等需要。

自我实现的需求：这是最高层次的需求，它是指希望充分发挥个人的能力及获得成就的需要。

马斯洛的"需求层次"理论的核心是人类具有不同层次的需求和欲望，随时有待满足。

3.影响受众的文化因素

文化是影响人们需求与购买行为的最重要因素。文化是相对于经济、政治而言的人类全部精神活动及其产品。人们的行为大部分是后天学习而形成的，在一定的文化环境中成长，自然形成了一定的观念和习惯。文化主要包括亚文化和社会阶层两方面的内容。

（1）亚文化

任何文化都包含着一些较小的亚文化群体，它们以特定的认同感和社会影响力将各成员联系在一起，使这一群体持有特定的价值观念、生活格调与行为方式。亚文化群体主要包括民族群体、宗教群体、种族群体和地理区域群体。

（2）社会阶层

每一类型的社会中都有各种不同的社会阶层。这些社会阶层有其相对的同质性和持久性，它们按等级排列，每一阶层的成员都具有类似的兴趣、价值观和行为方式。

4. 社会因素

消费行为不但受广泛的文化因素的影响，同时也受社会因素的影响。社会因素是指受众周围的人对他（她）所产生的影响，其中以受到相关群体、家庭、社会角色和地位的影响最为重要。

（1）相关群体

所谓相关群体，就是能直接或间接影响人们态度、行为和价值观的群体，即人们所属并且相互影响的群体。对受到相关群体影响比较大的产品和品牌的生产企业来说，重要的工作便是如何找出该群体的"意见领袖"。

（2）家庭

购买者的家庭成员对购买者的行为影响很大。每个人都会受双亲直接教导或潜移默化获得许多心智倾向和知识、价值观等。部分认知则是来自自己的配偶和子女。家庭组织是文创产品最重要的购买单位之一。

（3）社会角色和地位

角色是指一个人在不同场合中的身份。人在不同群体中的位置可用角色和地位来确定，这些都会影响其购买行为。

（五）文创产品受众购买行为的决策过程

文创产品受众购买行为决策过程是程序过程和心理过程的统一。受众购买行为的程序过程是受众外在购买行为的表现。购买行为的心理过程是受众内在的行为推动，两者共同体现在购买行为决策过程中。

1.文创产品受众购买行为的程序过程

受众购买行为的程序过程是指受众购买行为中言行举止发展的事务顺序。它包括问题认识阶段、信息调研阶段、选择评价阶段、购买决策阶段和购后评价阶段。值得注意的是,消费者对于文化的考虑贯穿整个购买行为过程(图3-2-2)。

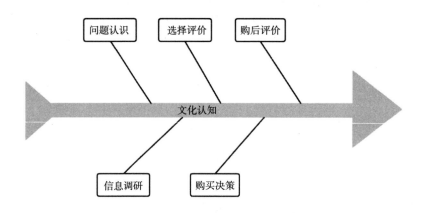

图3-2-2　文创产品受众购买行为的程序过程

2.文创产品受众购买行为的心理过程

文创产品受众购买行为的心理过程是指受众购买行为中心理活动的全部发展过程,是受众不同的心理现象对客观现实的动态反映。这一过程与上述购买行为的程序过程平行发展,一般分为六个阶段,即认识阶段、知识阶段、评定阶段、信任阶段、行动阶段和体验阶段。这六个变化阶段,可以概括为三种心理过程,即认识过程、情绪过程和意志过程(图3-2-3)。

图3-2-3　文创产品受众购买行为的程序过程

二、文创产品用户画像

用户画像又称为用户角色，它是建立在一系列真实数据之上的目标用户模型，能够完美诠释一个用户的信息全貌。交互设计之父、库珀设计公司总裁艾伦·库珀在 IDEO 设计公司工作期间，最早提出了"人物角色"的概念。为了让产品开发不视个人的喜好而定，因此将焦点关注在目标用户的动机和行为上，库珀认为需要建立一个真实用户的虚拟代表，即在深刻理解真实数据（性别、年龄、家庭状况、收入、工作、用户场景 / 活动、目标 / 动机等）的基础上"画出"一个虚拟用户。

建立用户画像的方法主要是调研，包括定量和定性分析。在产品策划阶段，由于没有数据参考，可以先从定性角度入手收集数据。如可以通过用户访谈的样本来创建最初的用户画像（定性），后期再通过定量研究对所得到的用户画像进行验证。用户画像可以通过贴纸墙归类的方法和图示化来逐渐清晰化。首先，可以将收集到的各种关键信息做成卡片，请设计团队共同讨论和补充。其次，在墙上将类似或相关的卡片贴在一起，对每组卡片进行描述，并利用不同颜色的便利贴进行标记和归纳。最后，根据目标用户的特征、行为和观点的差异，将他们区分为不同的类型，在每种类型中抽取出典型特征，赋予名字、一张照片、一些人口统计学特征和场景等描述，最终就形成了一个用户画像。如针对旅游行业不同人群的特点，其用户画像就应该包括游客（团队或散客）、领队（导游）和利益相关方（旅游纪念品店、景区餐馆、旅店老板等）。用户画像需要具体细分到某一类人群才会更有价值，比如老师、学生、企业主等。

腾讯 CDC 公益团队在进行服务设计的用户研究中就将游客、当地农民和城镇青年的不同诉求归纳成三类用户画像。他们还结合了真实的调研数据，将用户群的典型特征加入用户画像中。与此同时，调研团队还在用户画像中加入描述性的元素和场景描述，如愿景、期望、痛点的情景描述，由此使得用户画像更加丰满和真实，也更容易记忆并形成团队的工作目标。用户画像制作中需要注意的问题如下：要建立在真实的数据之上；当有多个用户画像的时候，需要考虑用户画像的优先级，如果为几个用户画像设计产品，往往容易产生需求冲突；用户画像是处在不断修正中的。随着调研的深入，会有更清晰准确的用户定位。

第三节　文创产品定位与头脑风暴

一、文创产品定位

文创产品定位是指文创产品在未来潜在顾客心目中占有的位置。文创设计定位是在文创产品设计过程中，运用商业化思维分析市场需求，为新的设计设定一个比较合适的方向，让产品在未来市场上具有足够的竞争力。这也是设计师在正式开始设计之前提出问题和分析问题的一个过程。设计定位的正确与否直接关系到设计的最终成败，产品设计定位要在市场调研和分析的基础上进行，如果没有明确的设计定位，设计师的思路就会任意发挥，从而失去产品设计的方向和目标，无法解决产品设计中的关键问题。

文创产品设计定位是进行文创造型设计的前提和基础，在整个文创产品开发设计流程中起着引领方向和目标的作用，因此要先确定定位。然而，设计定位是一个理论上的总要求，主要是原则性、方向性的，甚至是抽象性的。在设计师创作之初，创意总是发散性的、灵活的、不确定的。因此，设计的定位点也就呈现出多种类、多样化的特点。设计过程是一个思维跳跃和流动的动态过程，是一个反复的、螺旋上升的过程。所以，设计目标设定的本身就是一个不断追求最佳点的过程，也是设定产品开发的战略方针。

所谓最佳设计点，是在设计师与受众之间寻求一种平衡，指既能满足受众需求，又能兼顾设计师创意的结合点。追求设计目标的最佳点，应集多种条件和基本元素为基点，在这个基础上进行定性定量的分析，根据这些目标反推确立设计定位。这种过程是追求设计目标最佳定位的开发战略。设计定位的最终目的是确定一个合适的产品设计方向，也可以作为检验设计是否成功的标准。设计师在设计中常用的设计定位有如下几种：

（一）文创产品人群定位

在文创产品开发设计中，产品使用的目标人群是一个要首先确定的问题。这个产品为谁而设计？性别、年龄、收入等问题必须清晰，找对目标消费群对于确定产品的使用功能来说至关重要。一切的销售行为都要针对目标消费群，一旦目标消费群出现错位，就会导致"事倍功半"的局面。

（二）文创产品价格定位

现在绝大部分受众对产品的消费都比较理智，他们希望能够买到"物有所值"的，甚至"物超所值"的商品，而文创产品因其情感溢价所带来的附加价值比较多，价格定位也显得尤其重要。价格定位就是依据产品的价格特征，把产品价格确定在某一个区间，在顾客心目中建立一种价格类别的形象。因此，产品的定位不能单纯地划分为低档、中档、高档，而要做好充分的调研工作，全盘考虑。

（三）文创产品功能定位

所谓功能定位，就是指在目标市场选择和市场定位的基础上，根据潜在的目标受众需求的特征，结合产品的特点，对拟设计的产品应具备的基本功能和辅助功能作出具体规定的过程。要避免设计"同质化"。凭借文创产品所具备的独特功能，抢占受众大脑里的"功能"专区，明确地告诉受众该款产品能干什么，在生活中能起到什么作用或怎样改变了人们的生活方式。

文创产品使用功能定位并不是一个笼统的概念，而是要满足消费市场一个比较具体化的需要，具备实用价值的文创产品往往更受青睐。比如受众购买雨伞时对产品使用功能定位，要根据人的需求情况，在诸如时尚、挡雨遮阳、轻便、牢固以及是否具有防止刮伤等安全功能上进行斟酌。不同受众对上述使用功能消费有着不同的侧重点，从而形成不同的消费利益群体，设计师针对各种特殊的利益群体，最大限度地满足市场各类顾客利益的需要，从而赢得最大的市场销售份额。

（四）文创产品质量定位

文创产品质量定位也叫品质定位。这个定位方式是通过强调产品的良好品质而对产品进行定位，也就是通过受众对商品品质的认知来激发他们的需求与购买欲望，并在其心目中确定商品的位置。产品质量的定位，在产品定位中占有十分重要的地位，因为受众在选购商品时，质量问题总是一个首要考虑的因素。质量不好的产品给受众带来的不仅仅是金钱的损失，更多的是精神上的烦恼。在产品的质量上，有些产品十分"精良"，做工精细，适合长期使用和收藏。而有些则主张"用后即弃"，一些不常使用的产品，只需要在正常的使用过程中满足要求即可，没有必要在质量问题上过于纠结，一味追求过高的质量，可能会造成人力、物力资源的浪费，但也应注重其可持续性等。

二、文创产品开发中的头脑风暴

头脑风暴法又称智力激励法，是在文创产品设计过程中进行设计设想最为常见的一种方式。它是指以会议的方式，在一群人中，围绕某一特定的主题，以集体讨论和发言的形式互相交流，让学习者的思维互相撞击、互相启发、弥补知识漏洞，建立发散思维，引起创造性设想的连锁反应，从而获得众多解决问题的方法。

此法易于突破常规思维，最初是用在广告的创造性设计活动中，取得了显著的成效，被称为创造力开发史上的重大里程碑。这一发明引起全世界有关学者的兴趣，并引发了开发创造力的热潮。目前，头脑风暴法作为一种创造性的思维方法，在预测、规划、社会问题处理、技术革新以及决策等众多领域中得到了广泛的应用，渐趋普及。

（一）文创产品开发中头脑风暴的原则

运用头脑风暴的思维方法，可以在短时间内集众人智慧，获得较多的新颖的点子，从而进一步得到解决问题的方法。头脑风暴法要取得成功，在探讨方式、心态上，需要有非评价性的、无偏见的交流，具体而言，需要遵循以下几个原则：

1. 思维开放畅想原则

思想开放畅想原则提倡求新、求异、求奇。参加者不应该受任何条条框框和传统思维的限制，克服思维上的惯性，尽可能地放松思想，突破自己的知识体系。在思考过程中要求从不同维度、不同层次、不同方位，大胆地展开想象，提出独到的见解和想法。有些想法看似天马行空，但有时候通过整合或转化改良，正是这些超乎预计的想象带来新的设计方向。

2. 延迟评判原则

任何想法都是有价值的想法，在进行头脑风暴时，必须坚持不对任何设想作出评价的原则，提出的设想不分好坏，一律记录下来。充分肯定设计者的每一个想法，不进行任何消极的评价，避免打断创造性构思过程。评价和判断都要延迟到头脑风暴出点子阶段结束以后才能进行。这样做，一方面是可以防止约束和抑制参与者的积极思维，另一方面是可以集中精力先开发设想，产生更多的创意点，避免把应该在后阶段做的工作提前进行，阻碍创造性设想的大量产生。发言者习惯于用一些自谦或相互讽刺挖苦之词，这些自我批评和相互评判性质的说法往往会破坏头脑风暴的思维环境，影响到自由畅想。

3. 追求数量优先原则

头脑风暴的目标是在有限的时间里获得尽可能多的设想。设计师自己应提出更多的设想，同时鼓励结合他人的设想提出新设想。追求数量是头脑风暴的首要任务之一。这是因为只有一定的数量产生，才能保证一定的质量。参加会议的每个人都要抓紧时间多思考，多提设想。至于设想的质量问题，自可留到会后的设想处理阶段去解决。在某种意义上，设想的质量和数量密切相关，产生的设想越多，其中的创造性设想就可能越多。

4. 相互综合完善原则

头脑风暴提出的设想应及时记录下来，不放过任何一个设想，以便后续设计阶段的提取和发散。头脑风暴集中提出设想的阶段结束后，大家一起协商并将所有人的想法进行资源整合。按如下程序系统化：所有提出的设想编制名称；用专业术语说明每一个设想；找出重复和互为补充的设想，并相互提出想法和完善；分组编制相近或相同性质的设想；将提出的设想分析整理，分别进行严格的审查和评议，从中筛选出有价值的设想。

（二）文创产品开发中头脑风暴实施程序

头脑风暴是一种发散性的思维方式，但在文创产品开发中具体实施时，需要遵循一个非常完整的程序。从准备阶段，到想法的发现，都会有大量的点子产生，再到最后的综合完善，每一个阶段都非常重要。在实施头脑风暴程序时，应按照以下顺序进行：

1. "热身"准备阶段

人的大脑不是一下子就可以发动起来并迅速投入高度紧张的工作的，它需要一个逐步"升温"的过程。在头脑风暴开始之前，人们的注意力往往比较散漫，需要经过一个准备阶段的调整。领导者可以将大家直接或间接地带入一些有助于热身和放松身心的小游戏，也可以通过讲幽默故事或适当提出一两个与会议主题关系不大的小问题的形式，将头脑风暴的环境调整到最佳状态。让大家身心得到放松的阶段非常关键，甚至直接影响到后续的思维激荡的发散效果，只有在非常惬意、自由的情况下，才能最大限度地帮助设计师展开思路，促使设计师积极思考并畅所欲言地表达自己的意见。

2. 提出明确主题

确定欲解决的问题，若解决的问题涉及的面很广或包含的因素太多，就应该把问题分解为若干单一明确的子问题，一次头脑风暴最好只解决一个子问题。由领导者介绍问题，一起讨论问题的核心，可以在头脑风暴过程中进行有针对性的思维发散。领导者介绍问题应简明扼要，不给问题设限，留给设计师较为宽泛的思维空间，利于后期的思维碰撞。在提出问题时，应从多维度、多侧面剖析，从多方面提出问题，注意表达问题的技巧，领导者的发言应注重问题的启发性。

3. 畅所欲言阶段

畅所欲言阶段，设计师团队各成员之间最好能够形成思维互补、情绪激励，充分利用联想、想象和夸张等思维方式，达到创造思维的最佳状态。

在畅想阶段，各成员之间不应相互攀谈，应该独立思考，不受他人思维的限制和影响。在方案讨论阶段，各成员之间应该畅所欲言，提出自己在畅想阶段的大量设想，领导者也应适时引导和组织，但不可加以限制。

4.方案完善确定

在畅想阶段所得到的结果往往是一些没有经过深入思考的想法，也没有经过一些维度的限制和评价。在方案完善确定阶段，可根据已有的想法，相互提出之前可能没有想到的设想，进一步地增加更多的想法，然后再进行评价筛选。在筛选时可将设想进行分类，如将明显可行的好点子归为一类，明显不可行的、脱离了维度限制的归为一类，经过群体智慧的讨论决定取舍。最后，按照综合要素评价选择最优的几个方案进行进一步讨论和完善，从而得到最佳方案。

头脑风暴可根据实际情况进行程序的调整，比如有时因为时间等因素需要维度限制，但最终目的是最大限度地获得更多的想法。有时一次头脑风暴并不能得到自己满意或数量足够的方案，可根据实际情况进行多次头脑风暴，但每次头脑风暴时间间隔不应过于集中。

第四节　文创设计草图及效果图表现

一、文创产品三维表现技巧

文创产品设计的表现图是产品造型、色彩、结构、比例、材质等元素的综合表现。人们通常把产品设计表现图分为设计草图、工程制图、建模效果图三大类，产品设计表现图是设计表现中最能深入、真实地表现设计方案的形式，一般以透视画法为基础，通过具体的表现技法和手段进行呈现，效果图技能是设计师必备的职业素养之一。设计师需要围绕设计主题表达设计意图和交流设计信息，并在此基础上研究和分析设计思路，完成从最初的构想到产品落地现实的整个设计过程。在这个过程中，设计师经常采用多种媒介对自己的构想和意图进行沟通展示，以求得企业和用户的支持。

（一）设计草图

1. 草图分类

文创产品设计效果图在产品设计过程的各个不同阶段表现的方式是不一样的，根据在实际设计当中的草图表现，可分为概念草图、形态草图和结构草图三种形式。

（1）概念草图

文创产品概念草图是设计师对造型感觉的整体感知和最初思考方向，它是设计师表达概念想法的最简单的草图，是一种比较简化的图形表达方式。一般情况下，此类草图是在概念形成过程中思维的完整体现，其内涵是通过草图形式展开创意思维，研究形态演变过程，进行产品形态的发想。此类草图只要自己能够理解就足够了，没有必要向他人传达。设计师在最初阶段思考多种造型设计的方向时，需要迅速捕捉头脑中潜意识的设计形态构思，无须过多考虑细部造型处理、色彩、结构、质感等细节。因此，在表现技法和材料的选择上没有特别要求，铅笔、圆珠笔、签字笔、马克笔均可。

（2）形态草图

所谓形态草图，即设计师用可视的绘画语言来粗略勾画，它是具体准确地表达文创产品设计方案的草图。这种草图可以有局部的变化，以便选择理想的设计方案。形态草图可借助马克笔、水彩、色粉等工具来表达。

（3）结构草图

结构草图主要目的是找出结构与造型、结构与功能的内在联系，以便更好地理解、分析产品结构。

2. 草图的表现技巧及方法

文创产品设计草图表现要求在较短的时间内表达一定的主题和内容，是对整体效果和感觉的记录，无须过多深入的细节刻画。草图表现是产品设计创意呈现的最重要的方式之一，最终的目的是要将创意构思转化为落地的产品，在进行产品草图绘制时需要考虑其特殊的要求，如工艺、材料、功能、人机关系等，力求清晰地表现自己的设计想法，是一种较为理性的表现方式。因此，在产品设计表现中，不需要像绘画那样追求所谓的错落有致，如飞笔、顿笔或颤笔等的表现符号。产品设计表现上，行笔要有光滑流畅感，展现出产品的形态、肌理、材质效果等。

3. 产品设计透视图

"透视"意为"看透""透而视之"，是指在平面或曲面上描绘物体的空间关系的方法或技术。产品设计中使用的透视法是一种将映入人们眼帘的三维世界在二维的平面上加以表现的方法。由于产品设计要求在有限的时间内，不断深化和完善创意构思，对透视精确度要求不高，因此在快速表现时，无须进行严格的透视作图，但是心中必须有透视的概念，需要了解和熟悉透视作图的基本原理和基本方法。通过较多的透视图练习，设计师一般能够较好地掌握透视变化规律和选择表现产品的透视角度和透视方向。

产品设计表现透视理论的一般规律：

（1）近大远小

产品存在等长的线条时，远处显得长，近处显得短。产品的大小、线的粗细、色彩明度和纯度等都会因视距的变化而变化。

（2）近实远虚

是指因视觉透视形成的近处物象实、远处虚的现象。在产品手绘中表现为线的深浅、冷暖变化，明暗对比强弱等。

（3）产品透视图视平线的高低

视平线是指与眼睛等高，呈现在眼前的一条水平横线。可根据产品主要形态特征和主操作面的位置来确定，以三个观察面为佳。

一般来说，透视的类型从总体上可分为两种：焦点透视和散点透视。其中，焦点透视又可以分为一点透视、两点透视和三点透视。其中，三点透视在表现与人体尺度差别巨大的物体时最常用，如在建筑设计中，但在产品设计中一般较少有如此尺寸的物体。一点透视和两点透视在产品设计表现中最为常用。一点透视又称平行透视，在其透视结构中，只有一个透视消失点。正立面为比例绘制，没有透视变化，适合表现一些主特征面和功能面均设置在正立面的产品，如电视机、仪表等。当物体的一个面和画面成角时，其物体在画面的透视为成角透视，也称两点透视。透视线消失于视平线心点两侧的灭点，适合表现大多数产品。我们一般把视角分成两种，一种是物体的摆放角度，另一种是我们的观察角度。在这里主要是指观察产品时的角度，即视线与产品所在平面所成的角度。一般来说，视角的选取应满足以下两个方面：

一是必须能够最大限度地展现设计构思及产品的主要特征和细节。

二是必须有助于确定产品的比例尺度。产品的比例尺度由视线或地平线的位置以及平行线收敛速度所决定。对大的产品观察的视线会比较低，而对较小的产品一般都会从上面观察。必须引起观者的兴趣，使产品的主特征面和功能面占据主要的画面。

此外，表现图的大小也要非常注意，一开始接触产品设计快速表现图时，由于比较生疏，常习惯用手腕带动手来画图，往往会显得比较拘谨，画得比较小，应该逐渐熟悉用整个前臂带动手来完成设计表现。对于构思草图，在一张 A4 纸页面上有两至三个草图就可以了。

4. 构图

构图指的是运用设计原理，将艺术要素有序地布局在画面上，设计师在有限的空间和平面内，需要对自己所要表现的形象进行组织，形成整个空间和平面的特定结构。众所周知，设计艺术作品必须具备形式美，从而满足人们的审美需求，而构图形式正是从最基本的方面直接关系到作品的形式美。在方案汇报或参加比赛时，完整的设计快速表现图可以提升作品的"气质"，参加正式的设计方案讨论和评审会也会更容易得到认可。为了使作品获得良好的展示效果，作品的构图和布局是需要认真考虑的。另外，恰当的图标和合理的指示箭头等元素的安排，都会使表现效果更饱满生动，潇洒的签名也能体现出设计师的自信。

（二）工程制图

在文创产品实际设计过程中，文创产品设计分为迥然不同的两种程序。一种是工业设计师根据结构工程师设计的产品内部机芯的原理结构图及零部件，合理地安排产品各部件之间的关系，由产品内部出发进行设计；另外一种是由产品设计师首先完成产品的形态设计，然后再由结构工程师依据产品的外观造型来设计内部结构，这是一种由产品外部出发进行的设计，这种程序多用于内部结构原理简单的产品。设计师必须了解基本的工程技术语言，了解制图的基本知识，掌握制图的基本技能，了解制图的国家标准和规范，并且能够准确识别和读取制图信息等。

在文创产品工程制图中，通常较为简单的产品设计制图是指产品的三面投影图，也叫三视图——主视图、俯视图、侧视图。

设计制图是产品设计师创意表达的最后阶段，它联系设计与生产，是把二维设计具体化的必要手段，它为工程结构设计、外观造型加工提供了数据支持，是设计表达不可逾越的阶段。另外，产品工程图也是产品设计表达视觉语言的主要构成，是产品设计师和结构工程师的交流语言。

（三）建模效果图

文创产品效果图应能清晰、准确地表达产品的造型、色彩、结构、材质甚至功能。在经过对诸多草图方案及方案变体的初步评审与筛选之后，提（选）出的几个可行性较强的方案需要在更为严格的限制条件下进行深化。这时候，设计师必须学会严谨、理性地综合考虑各种具体的制约因素，其中包括比例尺度。在现今的产品设计中，借助于各种二维绘图软件及数位绘图板、计算机辅助设计建模工具等是较为常见的形式。计算机辅助设计具有手绘所代替不了的优势，它能够有效地传达设计预想的真实效果，为下一步进行研讨与实体产品制作奠定基础。

1.计算机建模

计算机建模是一个将平面化表达变成立体化表达的过程，这样可以更加直观地表达设计师的创意。建模过程也是一个调整过程，在草图设计中，尺寸概念很模糊，难免会有一些出入，建模时可以根据参数进行调整，完善产品的合理性和完整性。

在建模的整个过程中，细节处理也相当重要，产品的细节表现得越丰富，越能够展现产品的真实性，比如边缘的一个小倒角、壳体之间的装饰缝、小图标等。

2. 渲染

有一个说法是"三分设计，七分渲染"，当然这种说法有失全面、客观，但是在一定程度上说明了真实的渲染效果具有很强的说服力。产品的渲染可以使作品看起来更完整，更接近商业的水准，渲染出来的产品一定要像个真实的产品，目的是让客户能感觉到它的真实存在。

文创产品的渲染有三个要素：光影（表现产品的细节）、材质（表现产品的质感）、配色（表现产品的层次）。在渲染的过程中，需要不厌其烦地调整和反复尝试，一定要掌握和领悟这三个要素，以得到最佳的渲染效果。

3. 效果图处理

效果图处理这一步骤是为了弥补渲染效果的不足。在渲染的过程中，产品的细节和渲染的三要素（光影、材质、配色）不可能做到尽善尽美，需要用平面软件进行完善，一般使用 PHOTOSHOP 进行处理，如增添标志、优化肌理效果等。

二、平面作品表现技巧

（一）视觉元素的提取与转换

1. 概念与符号

所有的设计都是从概念开始的。从概念产生的第一刻起，直至作品的最后完成，设计师要作一系列决策，其中包括图形形状、大小、纹理、色彩、语言形式。先立意，明确概念，再根据概念的特点和表达点去寻找、选择、加工、组织、创造适合的形式和形象，使之成为承载概念的形象载体。

2. 形的提取与衍变

"形"一般指事物所表现出来的物象外形与结构。中国画论中，形似，指再现自然形态的表象因素；神似，则指形象精神因素的表现。取其"形"不是简单的照抄照搬，而是对符号的再创造。这种再创造是在理解的基础上，以现代的审美观念对原有造型中的一些元素加以改造、提炼和运用，使其富有时代特色；或者把已有素材符号的造型方法与表现形式运用到现代设计中，用以表达设计理念，同时也体现个性。

3.意的沿用与延伸

不仅要能够对一个基本形进行提炼和创新，同时还要能够探求和挖掘蕴含在它们背后的"意"。因为不论是古人还是今人，对美好的事物都一样心存向往，所以，除了要把能够让人们达成共识的"意"体现出来，沿用到内涵之中，还要延展出更新、更深层次的理念精神，使其更具有文化性与社会性，以此作为拓展设计的另外一种方法。在文创产品设计中运用意的衍生，能够更好地传承和传播产品中的文化内涵。在中国传统文化中，在米缸上贴"满"字，寓意粮食丰收，财富充盈；将米缸形态设计成使用于现代生活场景的储钱罐，沿用了米缸财富充盈的寓意，而西方名言"knowledge is power"，代表知识的力量，将其设计成储钱罐，延伸了其寓意，充满趣味。

4.势的体会与传承

"势"通常指图形所蕴含的气韵及其所表现出来的态势和气氛。"势"能传达整个图形的精神。传统艺术在"势"这一点上，特别有代表性的还是中国的书法。书法从观察自然界万物姿态而得到启示，精心结体而成，经过几千年的发展演变，形成了各种不同时代的个性与风格。不同书法风格有不同的优势。可以看出：大篆粗犷有力，写实豪放；小篆浑圆柔婉，结构严谨；隶书端庄古雅；楷书工整秀丽；行书活泼欢畅，气脉相通；草书飞动流转，风驰电掣。书法不仅重结体，更重笔势。结体仅仅是书法运笔的依据，而书法个性形态的形成还是靠其"笔不到而意到"的笔"势"。"势"的体会与传承是对于"形"和"意"的沿用，可以说是对后者的发展和提升；而一种新形式的创造，是需要摆脱传统的物化表象，进入深层的精神领域去探寻。

（二）平面作品表现风格

1.平面装饰风格

平面化的表现是图形设计的一大特征。它将现实中的物象，引入并限定在二维空间的范围之内，在二维空间内进行表现，追求饱满、平稳、生动的平面效果。它表现在两方面：其一为造型上的平面化，其二为构图上的平面化。汉代瓦当和画像石在构图中能打破自然和视觉上的局限性，而用一种平视、立视的形式来表现，标志着我国传统艺术的成熟。中国传统的民间剪纸也是采用平面化的形式来进行创作的，题材大都以人物、动物为主，配以植物和风景等作衬托，画面所营造出的是浓郁的生活气息。剪纸的形式是用简练的外轮廓勾画出形象的基本特征，使人一目了然。在布局上有的采用对称的形式，有的采用均衡的手法来处理造型，其中线和面、实和虚的处理都十分自然，体现了一种朴素自然的美感。

平面装饰风格在构图上不受任何约束，不求视觉上的真实，不求再现自然，它突破了时空观念的限定和约束，是写实绘画所无法做到的。骨骼化的构图以线的形象出现，形成框架线和框架形，不同的框架线和框架形可以表达不同的情感。框架线和框架形有时呈显性，有明显的硬边效果；有时则呈隐性，把自身的形态隐蔽到具体图形之中，但两者都起到支撑画面的作用。

在文创产品的设计中提取元素时，平面化的风格是十分常见的。在遵守传统的基础上又进行创新，对所要设计的每个主题都进行深入探索，以发掘出非同寻常的内涵。简洁特别的图形，加上开放的思维，是一个好的图形创意的要素。通过观察，应该对周围的事物有一个全新的认识，养成认真观察事物、归纳总结事物的习惯。

2. 插画风格

插画的范围非常广泛，可以囊括所有的插图，它既是文字的有力补充，同时也是用来传达作者意识，表现气氛、情感或意境的媒介。由于插画带有作者强烈的主观意识，因此它的形式多样，审美标准也具有多元化的特征。文创产品中的插画，既可以是为特定文化内容和场景绘制的，也可以成为表达作者内心情感的载体。良品铺子推出新古典中国风，混搭表现主义与波普艺术格调的年货包装，试图去定义良品铺子的未来格调。良品铺子通过颠覆感官的方式，让消费者找到了自己的归属感。

3. 漫画卡通风格

卡通原本是动画电影中拟人化、漫画化的动物及人物形象，因其活泼可爱的外形而广泛用于商业设计中，成为专门的卡通图形。夸张、变形是漫画卡通的精髓，在进行创作时，要以具体的形态、性格及其特征为出发点，可以手绘，也可以利用现代化的工具来进行创作。漫画卡通也有不同的风格，既可以创作有悖于常态、常理的内容，也可以构建现实生活中不存在的形象、情景和情节。

在文创产品设计中，将一个无生命体的某一部分换上一个有生命的物形，形成异常组合的置换图形时，会造成出人意料的效果，并使置换图形从常规观念中蜕变出来。通过不同物形内在联系的显现，将外形之间含义的一致性与外部形状的荒诞奇特相结合，构成了奇特的效果。这种超常、新颖的构成方式，可以显现出更为深刻的寓意，并对观者的视觉和内心产生强烈的冲击。

4. 原创风格

原创是指设计师根据主题的要求，自己或请艺术家绘制的图形。不管是中国的写意画、书法，还是剪纸、素描等其他绘画手段，虽然寥寥数笔，笔画粗放甚至还带有一些稚拙，却能把设计的主题和需要传播的思想感情充分地表达出来。同时，它具有一种摄影、电脑绘制等不能达到的艺术境界和独特的视觉魅力。

装饰性原创是指图形符合形式美的原则和装饰艺术的要求。装饰性图形对形象的表达，不是采取单纯摹写的办法，而是运用变形、归纳、装饰的手法进行加工，使之既能表达图形的主题，又能给受众以美的感受。设计装饰性图形时，注意在外形与色彩处理方面要洗练，以增强视觉的冲击力。

第五节　平面作品打样与产品模型设计

一、平面作品打样

打样是使产品质量获得预定工艺设计效果的必要途径，也是检验制作是否符合实际效果的工艺措施。特别是一些精细的产品更要通过打样才能获得较好的质量效果，若不经过打样就盲目成批投资生产，极易产生质量问题，甚至可能造成重大经济损失。所以，严格执行工艺规程，认真进行打样预生产，通过打样修正工艺上的缺陷，对确保成批产品的质量具有十分重要的意义。

平面作品是根据作品存在的形态表现为平面而得名。它包括图书、报刊、绘画、乐谱、照片、电影电视片、工程设计图、产品设计图、地图、示意图等。平面作品与立体作品并无绝对界限，有些平面作品也具有立体作品的性质，如厚度较大的图书，也表现为立体形态；有些雕刻，也表现为立体形态。在文创产品设计中较常见的平面作品有土特产包装、书签、明信片、手绘地图等。

（一）打样流程

在平面作品打样之前，应与专业人员充分沟通，确定印刷数量、纸张类型、纸张克数、印后工艺、周期等。作品打样应遵循如下流程：小样—大样—末稿—样本。

1. 小样

在平面作品展开图尺寸较大的情况下，小样是平面设计师用来具体表现布局方式的大致效果图，省略了细节，表现出最基本的东西。直线或水波纹表示正文的位置，方框表示图形的位置，通过小样预估效果从而调整版式等。

2. 大样

在大样中，平面设计师画出实际大小的作品，提出候选标题和副标题的最终字样，安排插图和照片，用横线表示正文。设计师可通过大样进一步预估成品效果，与客户和印刷专业人员进行沟通调整，征得他们的认可。

3. 末稿

末稿一般都很详尽，几乎和成品一样。有彩色照片、确定好的字体风格、大小和配合用的小图像。在末稿的这一阶段，平面设计师设计的所有图像元素都应最后落实，检查细节，可作局部微调。

4. 样本

样本基本上反映了作品的成品效果，平面设计师借助彩色记号笔和电脑清样，用手把样本放在硬纸上，然后按尺寸进行剪裁和折叠。

（二）打样质量要求

打样的目的在于使成批的产品能够较真实地再现原稿。那么，打样质量将直接影响成批产品质量的稳定。打样是产品忠实再现原稿必不可少的工艺技术措施，通过打样才能制定出更加科学合理的生产工艺措施，为确保成批产品质量的稳定打下良好的基础。所以，认真把好打样工艺技术和操作技术这一关，不仅可较好地防止生产过程中出现的质量故障问题，而且可以有效地提高产品质量。

对打样的质量要求有以下两点：

一是打样的样张或样品应该是在该批印刷品所确定的印刷条件下生产的，否则，打样的质量再高，也是没有意义的，因为实际印刷生产无法达到。

二是在确定生产条件可以生产的前提下，样品应该是高品质的。因为样品将作为印刷生产时的依据，如果样品本身质量低劣，以此为标准，必然导致印刷品质量低劣。

二、产品模型设计

模型是所研究的系统、过程、事物或概念的一种表达形式，这里指根据图样比例而制作的产品样品。由于模具开模的费用一般较高，需要投入较大成本，具有较大的风险性，所以在多数情况下首先会选择模型制作，通过评估后再进行模具开模。相对模具来说，模型制作具有成本低、加工快等特点，同样可以对产品的造型进行反复推敲和检验，应用较为广泛。

（一）模型设计的作用

设计是一个创造性的思维过程，是一个不能完全呈现客观的过程。虽然随着技术的进步，我们可以通过计算机效果图很好地展现三维效果，但并不能让我们真实地感知到。模型是设计师表达自己设计想法的手段之一，设计师也可以通过模型去推敲产品的细节、完善方案以及评价产品的综合效果等。在方案评估环节，模型展示通常是比较直观有效的形式，是开发新产品不可或缺的环节。总体来说，模型在产品设计中的主要作用有三点。

1. 设计实验探索、完善设计方案

设计师通过模型对产品的形状、结构、尺寸等多维度进行综合评价分析，发现设计中所存在的不足，从而完善产品。

2. 方案展示、交流探讨

通过模型能够让人较好地感知真实产品，设计师与非专业设计的委托方沟通起来将更为便利。通过模型模拟展示设计内容，是一种比较好的设计表现与沟通方法。

3. 降低验证成果的成本

在产品的研发过程中，模具的开发成本高昂，如果前期不能够反复推敲，一旦产品出现问题，将耗费较大的成本。利用模型能够以低成本去评估验证设计，并能够不断完善产品。

（二）常见模型的分类

1. 按功能分类

根据产品在设计中发挥的作用，可将产品的模型分为草模、展示模型、手板样机三种类型。

（1）草模

草模是指初步简易的模型，也称为粗模，这种模型是设计师在初期阶段的设想构思，是一种非正式的模型。草模和概念草图一样，是设计师对造型感觉的整体感知和最初思考方向，它是设计师表达概念想法的最简单的探索方式，是设计师的自我对白。通过草模可以对设计进行推敲和修改完善，为进一步进行细节探讨和设计等奠定基础。草模在选择材料时应以易于加工成型为原则，一般以纸、石膏、滴胶、黏土等为首选。

（2）展示模型

展示模型是展示设计效果的模型，也叫表现型模型，一般需要表达出产品的真实形态，展现设计师的设计意图。这类模型通常采取模拟真实材料的质感和效果来完成，但制作材料一般和实际材料有所不同，塑料材质较为多见。由于真实产品的制作成本往往较高，此类模型仿真效果较好，因而其常被用作设计展示交流和设计效果验证评估。

（3）手板样机

手板样机是一种综合的实验模型，是工业设计领域应用比较普遍的检验设计成果的方法。手板样机是产品量产之前，通过手工和加工设备辅助结合完成的模型，一般来说，手板样机完全符合产品的生产技术和工艺要求。通过手板样机能够检验产品的外观和结构的合理性，以展览等方式得到市场用户的反馈，可以降低直接开模的风险。

2. 按材料分类

在模型制作过程中，根据设计产品所需表现的特性选择模型制作材料尤为重要。常见的模型制作类型有纸模型、石膏模型、泥模型、木材模型、复合材料模型等。

（1）纸模型

纸质材料具有比较强的可塑性，可用折、叠、刻等多种方式进行加工。同时，纸质材料的种类也比较多，如瓦楞纸、铜版纸、白卡纸等不同厚度和肌理的纸张。常用于包装、灯具等产品的模型制作。

（2）石膏模型

石膏材料成本低，质地较为细腻，且具有一定的强度，有良好的成型性能。石膏的另一个特点是可以进行细节雕刻，并能够长期存留。石膏模型的常见成型方法有雕刻、旋转和翻制等，具体成型方式应根据所需做的模型形态而定。

（3）泥模型

泥材料根据其组成分为水性黏土和油性黏土，采用水性黏土材料制作的模型称为黏土模型，而采用油性黏土材料制作的模型称为油泥模型。泥料具有可塑性，富有弹性，表面柔韧，可以把手看成塑造的工具对泥土形状进行改变，也可以通过堆积、黏接等方式塑造形体。

（4）木材模型

木材质量轻、色泽和纹路自然，易于加工成型和涂饰。通过对木材进行刨切等方式，可以得到木材本身的质感和美感，较珍贵的木材可用于做首饰等产品。

（5）复合材料模型

复合材料模型指根据产品的造型以及材质的特性选择合适的材料，将多种材质的塑形特点进行结合，打破使用材料的局限性。

（三）3D 打印技术

3D 打印技术的横空出世为人们的生活及工作带来较多的便利，同时也增强了设计师实现产品的创造的能力，给人们的生活带来了较大影响。3D 打印技术是一种快速成型的技术，其特点是不需要机械的额外加工或模具，就可以直接生成较复杂的形体，可以缩短产品的制造周期，从而降低生产成本。

3D 打印常用材料：尼龙玻纤、耐用性尼龙材料、石膏材料、铝材料、钛合金、不锈钢、镀银、镀金、橡胶类等。

应用领域：3D 打印技术在珠宝、鞋类、工业设计、建筑、工程和施工、汽车、航空航天、牙科和医疗产业、教育、地理信息系统、土木工程等领域都有所应用。该技术的优势在于可以做出传统工艺难以实现的一些设计，如"未来 3.0"3D 打印跑鞋、"JS 3D"针织鞋。

3D 打印技术的核心在于，它可以满足高难度、复杂、个性化的设计需求，只有当传统生产方式生产不出来的时候它的魅力才能显示出来，使设计师可以将所有的精力放在设计上，不需要花很多精力和时间去迁就制作方式，所以 3D 打印是对传统生产方式的一种补充和升级。在个性化的产品和制造上，3D 打印和 3D 设计可以很好地结合在一起，因为 3D 打印技术以其独特的外形塑造能力，具有文创领域应用的先天优势。如 2018 年的深圳文博会，3D 打印文创产品成为该次博览会的最大亮点之一。目前，我国 3D 打印技术在博物馆的应用主要体现在三个方面：一是对残缺文物的修复，二是文物的复制和仿制，三是文物衍生品的开发。

第六节　文创产品的发布

一、设计展板的制作

（一）设计展板的主要内容

设计展板的主要内容包括主场景图、使用状态图、尺寸图、产品细节图、设计说明、CMF 表达、爆炸图、草图、标题等。"版面一张脸，标题一双眼"，一个好的版面，会直接激发读者的兴趣，使之在美的氛围中接收到丰富多彩的信息。如果版面编排不规范、不美观、不和谐、不便于阅读，会直接影响展示效果，成熟的设计能够不说话就让别人看懂自己的设计。设计展板的制作通常是由一个主场景图，配之以产品辅助效果图、产品细节图和尺寸图组成。产品的主场景图非常重要，应占据整个版面的 1/3 至 1/2。

（二）设计展板制作中常见的问题

设计展板制作的时候容易出现以下问题：

第一，图片和文字的跳跃率不高，视觉冲击力弱。例如，展板的标题和设计说明文字字号差别不大，展板上的图片面积大小也没有区别，缺乏主场景图。

第二，在展板上采用较深沉的颜色，没有注意几款产品的色彩与展板色彩的协调一致。

第三，编排设计差，特别是在字体选择和排列方式上，不仅文字需要对齐，图片同样需要对齐。

第四，图片选用不合理，产品描述逻辑性差。在选择细节图片时往往较随意，没有仔细考虑图片能否表达产品的某个设计点，导致产品描述性和逻辑性较差，一个好的设计展板是不需要设计师在展板旁边用语言解释说明的。

（三）展板常见尺寸

展板的尺寸大小根据用途不同，一般分为展览和设计比赛两种。常见的展览展板的尺寸有 2400mm×1200mm、2000mm×1000mm、1500mm×1200mm、1200mm×900mm、900mm×600mm，设计比赛常见展板的尺寸有 A4、A3、A2。

（四）设计展板输出的注意事项

设计展板输出的时候要把色彩模式调整为 CMYK，调色的时候要考虑色差等问题；展览使用展板分辨率应调整为 72～150DPI，不需要设置为 300DPI。设计说明等说明性文字字号不宜过大。建议在设计展板制作时尽量使用矢量软件进行设计，这样更便于印制输出。

二、设计报告书的制作

（一）设计报告书的概念

设计报告书是整个设计创作过程所有资料的汇集，包括速写表达、思考记录、设计计划书等内容。设计报告书在设计之初就应做好准备工作，而不是到了设计完成的时候再来做。在学校，制作课程的设计报告书的目的和意义：首先，提升学生艺术设计的综合素质，如审美能力、色彩搭配能力、版式设计能力等；其次，有助于提升学生的自主学习和自主管理能力。在企业，设计师做设计报告书是在产品开发设计工作完成后，为了全面记录设计过程，更系统地对设计过程进行理性总结，以及更全面地介绍推广新产品开发设计的成果，也为下一步产品生产做准备。因此，编写新产品开发设计报告书显得非常重要，这也是现代设计师必须具备的一项基本专业技能。

（二）设计报告书的主要内容

设计报告书的具体内容可分为学校的课程作业型设计报告书和企业的实际项目设计报告书。

课程作业型设计报告书通常又被称作学业报告书，其内容主要是记录学生的设计过程，包括课题导入、前期调研、产品分析、草图表达、效果图绘制、CMF 分析、模型制作、版面设计、总结等，当然还要记录团队成员的分工任务、参考资料、课程总结、反思（包括感谢）等，并对报告书进行整体版式设计，把握报告书的设计风格和样式。对设计报告书的封面进行设计。课程作业型设计报告书可以用平面设计软件进行设计，然后打印输出，也可以通过手绘和文字记录进行手工制作。在选用设计软件时，一般推荐使用Coreldraw/AI 等矢量软件。因为设计报告书涉及的图片和文字相对较多，一般一本设计报告书有 30～50 页，如果使用 PS 类型的位图软件就会出现以下几个问题：第一，新建图层太多；第二，一般涉及印刷输出都是矢量软件，不方便后期工艺等；第三，位图软件设计的文件太大，不方便传输，所以在编排设计报告书之前还要学习矢量软件操作。

　　企业实际项目设计报告书要把产品开发的主要核心内容作为编写的要点，并从这些核心内容上扩展出产品开发的各项实质内涵。从设计项目的确定、市场资讯调研与分析、设计定位与设计策划、初步设计草图创意、深化设计细节研究、效果图与模型、生产工艺图等层层推进，最终展现出整个产品开发设计的完整过程。

第四章 文创产品设计经典案例分析

在探索文化产品设计的实践中，我们应不断发掘能够触动人心、引发共鸣的创新案例。本章将分析一些文创产品设计的经典案例，这些案例不仅展示了创意与文化的完美融合，还体现了如何通过设计传达深层次的文化价值和情感联系。每一个案例都是对创意思维、设计哲学和市场策略的深刻洞察，对设计师和创意工作者具有参考价值。

第一节　相同元素和相同工艺的不同产品设计

（一）相同元素的不同产品设计

以《西游记》中孙悟空形象文创设计为例。孙悟空是中国神话故事《西游记》中充满传奇色彩的英雄人物，他勇敢机智、积极乐观、爱憎分明。通过对孙悟空形象的分析，进行再设计，即可将孙悟空的形象创新应用于戏剧、皮影戏、剪纸、面塑等民俗工艺中，书签、手机壳、开瓶器、面具、公仔、手办等创意产品中，戒指、项链、耳环等配饰中，或者影视人物、游戏人物、海报等的形象设计中。

（二）相同工艺的不同产品设计

以哈密刺绣工艺文创设计为例。哈密刺绣是新疆传统的少数民族工艺，也是国家级非物质文化遗产保护项目之一。哈密维吾尔刺绣将维吾尔文化与汉族文化融合在一起，散发出独特魅力。维吾尔刺绣不仅体现了维吾尔族人民对美好生活的向往，同时凸显了他们纯真古朴的民族性格。哈密维吾尔刺绣从美化服饰开始，发展到装饰家居、艺术珍品，如今越来越多地与现代产品结合，焕发新的生机。将刺绣元素融入手表、相机带、耳机、抱枕、板凳中，可以设计出多款受人欢迎的现代文创产品。

第二节　文创品牌的打造与管理

几年前，很多人都在从事内容型 IP 的开发，想着怎样在儿童市场占有一席之地。魔鬼猫选择了一条特立独行以青年人为定位人群而开发内容和产品的路，品牌特质：潮、酷、炫，偏离了常规 IP 品牌卖萌可爱的路线。与传统动漫公司单一过重内容投入不同，魔鬼猫以衍生品为核心，致力打造一个中国本土顶级的原创动漫品牌，致力于成为第一个国际化的中国本土 IP 品牌，打造带有现代中国文化风格的酷潮文化体系。核心定位人群是 15～29 岁的年轻人，品牌口号：吞噬负能量！使命：为中国创造国际化超级 IP。愿景：将魔鬼猫打造成世界最酷 IP。

魔鬼猫的 IP 衍生品已授权百余个品类，涵盖了服饰、数码 3C 类、家居类、箱包类、生活快消品、玩偶类等，魔鬼猫的主题餐饮、主题游乐园也已筹备运营。衍生产品上市两年销售额突破 2 亿，线下合作实体店数量近万家，是中国当下最具成长力的原创动漫 IP 之一。魔鬼猫最开始的两年，表情包、衍生品、交互媒体、脱口秀、短剧、网剧、手游方面都进行了诸多尝试，发现整个产业链是很庞大的，初创型的公司不可能把所有环节都做到，只有把自己擅长的那个点做到很垂直、很深入，才能吸引和横向整合各个环节的优秀资源。

魔鬼猫授权的第一款衍生品——魔鬼猫音魔头戴式耳机，成为持续到现在的爆款。魔鬼猫音频类的产品，迎来了井喷式的爆发。2017 年是魔鬼猫在产品方面成长最迅速的一年，授权了很多电子产品，基本集中在音频这个领域，共同形成了一个音频家族，包括耳机、麦克、音响、播放器等跟音频有关的产品都覆盖到了。常规的消费产品已经不能满足新一代消费者的购买心理需求，传统行业需要优秀的 IP 方对其产品文化加成，重新获得新零售和新形式的市场。魔鬼猫通过自身文化体系、营销、渠道以及与合作方的渠道销售产品并进行推广与销售，达到了双赢的局面，证明了 IP 授权模式在中国的市场拥有无限的潜力。

当下年轻人追求个性时尚，魔鬼猫看中这点打进潮牌市场。对于一个潮牌来说，服饰类绝对是重要的一环。作为本土 IP 中第一个独立运营服饰品牌，并且成为第一个进入高端渠道连锁的 IP，魔鬼猫实行的是高举高打策略，重金拿下商场最好的楼层和国际品牌区，魔鬼猫服装店第一阶段只开在国际一线大牌的区域，目标覆盖全国各一线年轻化商业中心体。魔鬼猫服饰潮品连锁店全国一线商场布局：2017 年全国落地 50 家，2018 年 200 家，2019 年 500 家，2020 年 1000 家左右，目标覆盖中国所有一二线城市。魔鬼猫未来不仅是一个年轻人的酷潮 IP，更是一种年轻人的生活场景、生活方式、生活态度。

互联网时代，线上电商、消费人群年轻化的冲击让传统购物中心面临危机。近几年，渐渐转变为体验为王的模式，而快闪店和 IP 主题展随着购物中心运营思维改变，也出现了从静态展示销售到动态互动体验的革新。2016 年，魔鬼猫首次以快闪店的模式进入九方购物中心，顿时成为热门话题。紧随其后的 KKONE、海岸城、佳兆业等商场都拿下了魔鬼猫的授权进行 IP 主题展。购物中心愿意让优秀的 IP 在寒暑期档、节假日、周年庆等日子，以 IP 主题展的形式进驻，通过粉丝效应来增加商场的人流量。如今，快闪店和 IP 主题展的模式已成为商场营销的一种主流趋势。

第三节 "城市印象"主题文化产品设计

"城市印象"主题文化产品设计是城市以自身的历史文化、景观、民俗、方言等作为创意元素的系统规划设计，是一个城市在人头脑中的第一印象的折射。

"城市腔调"系列是针对山东烟台开发的城市主题项目。该项目回归烟台传统文化，回味烟台"老味道"，品味烟台城市腔调。视觉方面对烟台的一些著名景点进行了元素提取，如烟台山灯塔、月亮湾、塔山、养马岛、西炮台、南山公园、小蓬莱、妈祖庙、塔山公园、张裕卡斯特酒庄；味觉方面从地方美食中获得灵感，有焖子、红富士苹果、福山拉面、鲅鱼饺子、糖酥杠子头火烧等；听觉方面聆听来自三仙山、渔人码头、九丈崖的悠扬之声，从视觉、听觉、味觉三个方面出发寻找烟台"印迹"，设计了一系列文化产品，有标志设计，名片、笔记本、T 恤衫、帽子、杯子、手提袋等产品设计和体验馆、店面形象墙等空间设计。

第四节 非遗传承与民艺设计开发

下面以山东高密泥老虎和吉州窑为例，讲述非遗传承与民艺设计开发。

一、山东高密"泥老虎"形象设计开发

高密泥老虎是山东地区极具特色的民俗工艺品，其形象可爱生动，色彩搭配兼具民俗性和后现代艺术作品的抽象性，老虎形象更蕴含中国传统文化

中平安、威武等美好的寓意。此套设计就是在泥老虎形象的基础上，通过抽取、概括、变形等设计方法，逐步将其与现代工业设计相结合，分别尝试了平面化的小产品设计及更深入概括和变形的餐具设计。通过不同的设计方法，试图为泥老虎形象和其他中国传统中优秀的形象在工业化大背景下与工业产品结合找到一条适合的道路。在这个过程中，要考虑到对中国元素特点的保留，其形象与产品形态、功能的结合，以及中国文化影响下特有的生活习惯及对产品特有的心理和使用需求。

二、吉州窑——醒狮"小吉"IP 文创设计

吉州窑是一座具有高度艺术和历史价值、富有乡土气息的著名民间瓷窑，其兴于晚唐，盛于两宋，衰于元末，因地命名。吉州窑产品精美丰富，尤以黑釉瓷（亦称天目釉瓷）著称，其独创的"木叶天目""剪纸贴花天目""玳瑁天目"饮誉中外。洒釉、虎皮天目等也是吉州窑的标志性品种。

醒狮"小吉"是针对吉州窑设计的文创 IP 形象衍生品，即以吉州窑特定的文化背景、文化形态以及文化内涵为基础，通过吉祥物 IP 形象的创造整合吉州窑文化元素。小吉形象生动有趣，朴拙沉稳，装饰纹样丰富，以植物、动物和吉祥文字为主。表情包设计与吉州窑象征积极奋进的海浪纹、象征财富的银锭铺地纹、寓意富贵绵延的回字纹以及寓意事事如意的如意称心纹等相结合。小吉身形整体朴拙，五官、眼神、嘴部运用不同表情代表不同的心情和个性特征，衣纹主饰为传统服饰中的肚兜形式，配以吉州窑典型纹样符号。

第五节　博物馆及知识产权文创产品

一、博物馆文创产品

将文创产品运用到博物馆中，以博物馆的馆藏资源为原型，吸收并转化博物馆藏品的人文价值，重构出具有审美价值、文化价值、实用价值的新产品，以此拓展文化影响力，创造经济价值。

（一）故宫博物院

北京故宫博物院是在明清两代皇宫收藏的基础上建立起来的综合性博物馆，也是中国最大的古代文化艺术博物馆，其文物收藏主要来源于清代宫中旧藏。文创产品主要以珠宝首饰、摆件、文具、服饰、生活家居、配饰等为主。随着文创种类的丰富和提升，故宫文创的影响力也在不断提高，逐渐成为故宫对外进行文化传播的重要载体。

1. 珠宝首饰

故宫系列文创首饰不仅将宫殿、如意、瑞兽等诸多元素融入首饰设计中，还采用了镂胎、花丝、錾刻、镶嵌、修金等工艺手法，这使得年轻人在追逐时尚的同时，对传统文化和艺术有了新的理解。

2. 日用摆件

选择故宫文物中某个突出的特点，如造型、图案、结构、人物、事件等进行创作发挥，并应用在各种各样的商品中。相应的，文创产品通常是成系列的，而且有明确的定位和目标人群。

3. 文具

故宫文具品种繁多，包含学生文具、办公文具、商务文具、礼盒文具和益智类文具等，形成了故宫文具品牌。通过日常使用频率很高的文具，让收藏在故宫里的文物传达历史文脉，使历史与传统更具生命力。"故宫文具"在设计上兼具实用性和趣味性，充分展现了以故宫为代表的文化与美学。

4. 生活家居用品

创意生活家居用品与产业业态相适应，与产业链条相融合，从终端市场消费需求出发，通过实物载体来表达故宫文创的情感特征，从而促进经济与文化的综合发展。

（二）中国国家博物馆

中国国家博物馆是世界上单体建筑面积最大的博物馆，藏品包括人面鱼纹彩陶盆、大盂鼎、四羊方尊、后母戊鼎等。在中国国家博物馆中，各式各样以国博馆藏珍品为"母本"的文化创意产品琳琅满目。此外，博物馆还推出了自己的文创品牌"国博衍艺"，产品主要以国博文房、服装配饰、创意家居、生活配件、摆件雅玩为主，每一件文创产品均带有浓浓的中国元素和厚重的历史感。

（三）陕西历史博物馆

陕西历史博物馆是一座综合性博物馆，其建筑为"中央殿堂、四隅崇楼"的唐风建筑群，外观突出了盛唐风采。历史上先后有周、秦、汉、隋、唐等十三个封建王朝在此建都，馆内藏有丰富的文物，包括商周青铜器、历代陶俑、汉唐金银器、唐墓壁画等，承载着华夏5000年的文明。

陕西是文博大省，文创产品要抓住秦代与唐代的特色人物与藏品进行开发设计，产品主要以创意文房、家居摆件、生活潮品、服装配饰等为主。

（四）敦煌博物馆

敦煌以石窟、壁画闻名于世，佛教壁画、雕塑被列为世界文化遗产。无论是古代丝绸之路，还是现代"一带一路"，敦煌艺术具有旺盛的生命力，对中国传统审美产生了深远影响。作为敦煌传统文化的传承代表，敦煌博物馆将敦煌元素与流行文化相结合，使敦煌传统文化以崭新的面貌进入公众视野，形成别致的敦煌国潮文化，其主要产品以书画经文、手账周边、生活潮品、包袋服饰为主。

（五）苏州博物馆

苏州博物馆是具有代表性的吴文化博物馆，是吴文化在苏州地区的见证与载体，集中展示了吴地的特色物质、制度和精神文化，自带一种文艺气息和艺术韵味。在开发具有鲜明地域特色的文化创意产品方面，有着得天独厚的资源保障，苏州博物馆内的文化创意产品的开发主要为典藏精品、文具用品、家居日用品、饰品配件、非遗工艺等五大类。

二、知识产权文创产品

文化创作的知识产权是文化的全程展现，是内容、故事、产品、符号的集合体，能形成文创设计的核心。

（一）动漫文创

动漫文创由动漫衍生而出，是具有一定影响力和代表性的品牌形象，通过知识产权授权、合作、出版、衍生品开发、影视漫画改编等形式，帮助知识产权所有者获得经济收益。

（二）游戏文创

游戏知识产权与文创产业融合后形成了全新的复合型产业链，由多个行业携手参与，持续推动游戏内容与传统文化融合，打造一条规范、系统的游戏知识产业链条。

（三）体育文创

体育文创知识产权一直依托体育赛事而发展，设计创意主要取决于"吉祥物"形象。体育文创产品与大型赛事结合，设计出一系列具有赛事理念的产品。

（四）旅游文创

文化是旅游的灵魂，现代旅游将人文、社会、自然相结合，这种新形式对旅游文创产品提出了更高要求。

第六节　国外文创设计经典案例

一、美国文创

美国的文创品牌代表，非 NASA（美国国家航空航天局）莫属。NASA与时尚品牌联名出镜率极高，它与一众时尚品牌合作，不论是体育运动品牌还是益智玩具品牌，和 NASA 结合都毫无违和感，并总能掀起一阵消费者购买热潮，这不由得让人感叹 NASA 是"一家被航空事业耽误的文创设计公司"。NASA 在文创方面之所以这么成功，除了它高精尖的技术与强大的文化影响力外，还与其成功的品牌策略高度相关。

1974 年，NASA 参与美国国家艺术基金会"联邦图形改进计划"后，开始有意识地进行品牌策略规划。当年设计 NASA 手册的设计师可能不会想到，NASA 设计规划会与消费品牌"联姻"，创造出巨大的商业价值。NASA 文创方面的成功，一方面是由于探索宇宙奥秘的 NASA 散发的魅力，另一方面也归功于理查德·丹恩与布鲁斯·布莱克在 20 世纪 70 年代为 NASA 所做的详细品牌策略规划。品牌策略的打造是一个系统化工程，如果说标志性物体（NASA 阿波罗徽标）是一部戏剧的主角，那么视觉规范手册就是舞台、灯光、化妆、音效等后勤保障。只有这一切都由设计师整合成一套规范并系统地去实施，品牌的价值才会凸显。正是这一套看似枯燥乏味而又庞杂的系统以及其中的无数个节点，才创造出了 NASA 完整的形象，让人们乐于接受，最后形成了一种文化。NASA 整个品牌的传播与推广被明确规范及指导，节约了后期运营人员的大量时间成本与运营设计成本。

随着新材料、新技术的加入，NASA 及时调整产品类型以迎合市场，也取得了一定的成绩，如结合 AR 技术开发的文创产品。NASA 的品牌规划案例，对于当今希望塑造自己品牌的创业者来说，有着一定的意义。

二、欧洲文创

20 世纪 80 年代，在新博物馆学运动兴起的大背景下，欧美博物馆开始塑造以人为中心的展览环境，较之以往更加注重参观者的感受，并开始创新艺术衍生品的开发理念，以求推广博物馆，使博物馆永续经营，赢得广大受众的喜爱。

大英博物馆开发文创产品一般是以其著名藏品为主轴，制作各式各样且价位不等的纪念品，从复制品、精品、收藏品，到老少咸宜的日用文具、配饰、食品等，让游客可将纪念品带回家与家人朋友分享。大英博物馆文创产品开发有两种模式：一种是由全球采办组成的部门负责设计或寻求设计资源并联系生产；另一种是直接从固定厂家进货。大英博物馆的大部分商品是直接购入的，也有些产品由博物馆向世界著名设计师提供内容，由设计师设计，再由厂家生产，最后进入大英博物馆销售。同时，该博物馆利用其网络商店进行全球销售。

那么，大英博物馆的这些文创商品又是如何被创造和经营的呢？

大英博物馆文创产品策略一：将明星藏品进行衣食住行方面一条龙式的系统开发。因大英博物馆收藏世界各地、体现不同文化的藏品，文创产品的样式令人眼花缭乱，故大英博物馆会选取文化认同度高或是具有异国风情特点的一些重点文物、明星藏品进行一条龙式的系统开发，让消费者在选择商品的同时增强收集不同品种、不同风格产品的欲望，提高消费者购买数量。

例如，在大英博物馆天猫商店中搜索"罗塞塔石碑"关键字，可以看到，其以罗塞塔石碑为原型，开发了69种不同的衍生产品，其中除了较传统的资料书、复制品摆件，还包括各种服装、文具、首饰、杯子、充电宝、U盘、镇纸、镜头布、巧克力、布偶玩具等。要深入分析罗塞塔石碑系列衍生产品，首先要对它们进行分类。以下简单从产品属性、图样纹饰运用和产品颜色选择三个方面对这些与罗塞塔石碑相关的产品进行分类讨论。

第一，产品属性："软"和"硬"。一个产品的产品属性不仅决定了它的目标受众，也决定了这件产品的价格。虽然罗塞塔石碑有69件衍生产品，但是从产品属性的角度来说，只有两种（这里借用ACG界，即动画、漫画，游戏业界，"周边"的概念），一种叫作"core hobby"（硬周边产品），另外一种叫作"light hobby"（软周边产品）。"core hobby"（硬周边产品）指的就是罗塞塔石碑的复制品，这种没有实用价值的纯观赏性高仿复制品价钱相对较高，通常只有罗塞塔石碑的超级粉丝才会去购买。需要注意的是，像复制品这样的产品不太适合被称作文创产品，只能叫作衍生品。

第二，图样纹饰运用：整体和局部。除去罗塞塔石碑的复制品摆件和罗塞塔石碑的资料书，大英博物馆还设计了59种共67件相关的文创产品。仔细观察可以发现，这67件文创产品对于罗塞塔石碑图样的选取运用分为三种方式。第一种是整体图案的运用，也就是将产品制作成石碑的样子或者印有石碑的完整图案，包括拼图、书立、镇纸、明信片、镜头布、鼠标垫、茶巾、墙饰和首饰盒9种文创产品。第二种是采用截取的手法，将罗塞塔石碑表面的纹饰局部运用到产品合适的位置上，将石碑内容作为装饰图案。罗塞塔石碑相关的文创产品中有34种都是这样的，如印着罗塞塔石碑上的文字图案的扑克牌、水杯、背包、笔等。第三种是将罗塞塔石碑的整体形状与截取的部分图案进行重新组合。一些文创产品制作成罗塞塔石碑的形状后，受体积所限，不能将石碑上的所有文字包含其中，于是设计师将截取的一部分文字配入石碑形状的文创产品中，像钥匙链、衣服、手机触屏笔、巧克力等16种文创产品就属于这一类。罗塞塔石碑的价值在于石碑上的三种不同文字的对照使我们最终解读出了埃及象形文字，而设计师在设计这一类文创产品时将罗塞塔石碑上的文字作为核心图案，就正好与石碑的价值相互呼应、相得益彰。

第三，产品颜色选择：黑、白、灰和红。此处依旧将罗塞塔石碑的复制品摆件和罗塞塔石碑资料书除外。大英博物馆对罗塞塔石碑文创产品的颜色选择如下：首先，产品的底色以黑色、白色、石碑原色为主，还有一些产品是金属材质的，所以采用的底色为银色（不锈钢的颜色），少数产品以红色作为底色；其次，产品上的石碑文字的颜色以白色、灰白色和黑色为主，一些金属材质和木质的产品则是将文字刻印上去的，因此文字的颜色是材质本身的金属色或棕色；最后，大英博物馆根据产品不同的类型和图案，对采用罗塞塔石碑图案的文创产品的底色和文字颜色进行了不同的搭配，形成了多种颜色组合，部分产品拥有多种颜色款式。

为什么大英博物馆要选用黑、白、灰色为罗塞塔石碑的整体色调呢？从色彩设计上来看，整体色调可以决定一件产品给受众的感觉。大英博物馆以黑底白字为配色的石碑文创产品一共有34件。将黑色作为背景色，视觉上给人传达了一种稳定、坚实的感觉，与罗塞塔石碑给人一种历史厚重的感觉相符，同时，石碑文创产品配以白色或灰白色的文字，这种色彩反差又使人的视觉不由得集中在文字图案上。在颜色细节上，石碑文创产品也体现了大英博物馆系列化的文创产品设计理念，如马克杯、杯垫这两种产品会在一起使用，就都有黑底白字和白底黑字两种颜色选择。试想，当买了一个白底黑字图案的马克杯后，又看到了同一色系图案的杯垫，难道不想将它们配成一套吗？

大英博物馆文创产品策略二：从"IP"到"双IP"，将具有英国特色的IP与本馆馆藏IP相结合，开发出大众喜爱的产品。

"单IP"凸显特色，根据地域文化形成设计主题。地域文化是以自然环境、城市景观、风俗人情为标志所形成的特色文化，这种文化彰显着人们独特的生活方式、思想观念和审美趣味，是本土化的特色标志。伦敦，这个既有国际化特征又具有鲜明个性化特征的城市，拥有伦敦塔桥、大笨钟、红色巴士等标志，这些标志自然成为产品设计的重要元素。大英博物馆和维多利亚与艾尔伯特博物馆都推出了伦敦系列，凸显出旅游纪念品设计的地域性与纪念性的特征。

"双IP"融合多变。例如，小黄鸭是承载许多英国人童年记忆的符号。1970年，歌手吉姆·汉森创作了流行歌曲《小黄鸭》，小黄鸭从此成了一种流行文化元素。几乎每个小朋友都曾玩过的小黄鸭，被大英博物馆按照古罗马战士、海盗、狮身人面像的模样，改造成多个萌萌的版本，一下子爆红于网络。

大英博物馆文创产品策略三：特殊时机提供特殊产品，不断注入新活力。例如，配合节庆开发文创产品，如复活节、圣诞节等，这种相关节日主题的产品，可以让博物馆的到访游客结合特别日子拥有特别的参观体验，从而提高产品销售量，另外，这种产品在特别的时节下也非常实用（圣诞装饰品在西方家庭中是每年重复使用的，已经成为传统）。从一个看似不起眼的高价毛绒玩偶背后，我们看到的是文物的历史与制作的匠心，此时与其说大英博物馆卖的是毛绒玩具，不如说大英博物馆卖的是故事。之所以大英博物馆的这些栩栩如生的纪念品能够如此畅销，主要还是因为设计师设计时的匠心独运，他们擅长把旧有的标志性元素提取出来，并加入当今的时代元素，为文创产品赋予新的灵韵。

无论是明星藏品的系列开发、不断附能加值，还是从"单IP"的有效利用再到"双IP"的有机结合，大英博物馆的开发方式可谓层出不穷，热点话题与特殊的节庆更是为大英博物馆造势，为其文创产品提供创意来源，让消费者无时无刻不对大英博物馆保持着新鲜感与期待。

三、日本文创

日本文创的概念已经深入人们生活的方方面面，不论是日常生活用品、公共基础设施、旅游消费产品，还是城市形象宣传、建筑的设计和建造等，都充满文化创意的气息。从这些方面，足以看出日本人对文化创意的重视和娴熟的运用。那么，日本是如何掀起文化创意热潮的呢？

（一）动漫产业，奠定坚实基础

日本素有动漫王国之称，是世界上最大的动漫制作和输出国。目前全球播放的动漫作品中有六成以上出自日本，在欧洲的比例更高，达到八成以上。日本的动漫产业是日本的第三大产业，它涉猎甚广，包括电视、电影、游戏、周边等多种形式。日本街头各种动漫人物形象随处可见，这种动漫文化渗透到日本社会的各个层面。日本动漫从 1917 年起，经由逾百年的发展壮大，已在国内外拥有庞大的受众群体，因此，人们对于动漫形象的文创产品以及其他类型的文创设计有着很高的接受度。

（二）公共设施，承载文化创意

从日本的公共设施就可以看出它是个文创大国。小到公共场所的指示标识，大到电车、新干线，创意无不融入其中。在电车、警察局等公共场所，可以看到具有警示作用的警示漫画，漫画的呈现手法使原本冰冷的大字标语变得有人情味，更吸引人，有助理解的同时大大提高了警示标语的审美性。在日本，还有一个文创小镇——"柯南小镇"，在这里，建筑外墙上、楼梯上、井盖上、新干线上，到处都印着柯南这一动漫形象。

（三）吉祥物设计，宣传城市形象

日本通过设计城市吉祥物宣传地区形象，并以此提升城市知名度，获得了巨大的经济效益。一个城市吉祥物不单单是一个 IP 形象、标志，更多的是体现了本地的精神文化或土特产、风光特色。日本城市吉祥物中最具代表性的当然就是熊本熊了。这只萌萌的黑熊，仿佛一夜之间爆红于网络，各种各样的表情动画层出不穷，直到今天人气依然爆棚。为了突出熊本县特色，设计师设计熊本熊时在其身体上使用了熊本县的主调黑色，两颊使用了萌系形象经常采用的腮红，而腮红的红色也蕴含了熊本县"火之国"的称号，此处的腮红不仅代表了熊本县的火山地理，更代表了众多美味的红色食物。同时，日本熊本县通过"熊本寻熊启事""丢腮红"等活动，进行全民营销，效果非常好。通过"丢腮红"活动，熊本县成功地让外界了解了红色在熊本县的象征意义。此后有日媒表示，"丢腮红"活动达成了约6亿日元（约合人民币3360万元）的广告营销成果。

（四）文创产品，输出文化内涵

在日本，琳琅满目的文创产品遍布大大小小的景区商店，各个景区根据各自不同的文化背景与自然风貌设计出风格迥异的文创产品，游客们在日本不同的景区内观光很难见到相同的文创产品。这些文创产品包括食品、文具、玩具、纪念品等诸多种类，其中，食品类产品大多用本地特有食材制作，在包装方面有明显的文化特征与地区标识，地方特性极易识别；玩具类与纪念品类产品大多以当地特色建筑或景观为原型设计成卡通形象，使原本冰冷生硬的建筑或景观变得生动活泼。日本的这些文创产品吸引着来自世界各地的游客们，游客们去日本观光很少有空手而归的时候。这些极具文化属性的文创产品，成为日本文化输出的绝佳载体。

第五章　文创产品设计新形式

　　文创产品可以记录社会发展的信息，使我们能够感受到过去，同时也预示着未来的发展，成为人们预见未来的一种途径。在本章中我们就来聊聊那些散落在市场中的热点，这些现象多是在最近几年出现的，发展时间尚短，有的还只是初现端倪，但已经可以预见其必将会对产业的未来产生深远影响。

第一节　IP 设计的交互体验与情感认知

　　一谈到未来，可能很容易让人想到科技发展为生活带来的改变，这当然是一方面，但并不是在此讨论的唯一重点。

　　当我们探讨文创产品时，往往会因其"文化"的传播属性而忽略了其作为"商品"的产业属性。就现状而言，博物馆行业的确尚未广泛而深度地介入商业市场的竞争中。

　　博物馆文创产业的文化资源、市场受众、运营方式都有其独特性，在其发展过程中虽然需要与多个领域相互结合，但最终都会将博物馆独有的形式展现出来。这种独特的产业模式也造就了其自成体系的产业格局，主要的竞争对手其实还是来自行业内部甚至是自身。因此，其他领域的运营策略、经验在转嫁到博物馆文创产业中时需要进行适当的转化，以便重新设定目标，调整运营策略。

　　一直以来，各类产业的发展都受制于两个主要因素：市场容量和生产能力。市场容量是由产品需求总量和个体可支配货币总量来决定的，具体来说就是人们对某种商品究竟有多少需求、可能会花费多少资金来获取满足需求的产品。这个数值几乎无法通过简单计算而准确得出，因此需要一些参数来进行确定。时间和范围是其中两项重要的制约维度，比如我们可以计算出某种产品在一年之内某个区域的总体销售量，但这个数值也不可能做到完全精准，因为还会有渴望交易等未能实际发生的交易存在，所以还需要再加入一些系数予以客观修正。而生产能力相对较容易计算，人工、设备、物流等环节的生产效率都可以通过标准化操作进行预估。

　　那么对于博物馆来说，文创产品的市场容量究竟有多大？设计制造能力究竟是多少？显然，不弄清楚这两个问题，各项决策都会陷入盲目。前文中曾围绕如何计算市场容量和提升设计能力展开过大量的讨论，烦琐的论述和错综复杂的关系最终可被总结为：拓展市场容量、提升设计产能是产业发展的核心。为了便于理解和操作，我们再通过一个简单的公式来更加直观地表达：

M（Market capacity 市场容量）/ D（Design capacity 设计产能）= N

在这个公式中，M 代表市场容量，表示产业或是某种产品的市场需求及其发展前景。D 代表的是生产能力，在这里将其更加具体地表述为设计产能，表示博物馆对某种产品的设计生产能力，这样更贴近博物馆的现实情况。N 则是判断市场供需关系是否取得了平衡的关键值，当 N 等于 1 时，表示供求完全平衡，当然这在现实中几乎是不可能出现的；N 值大于 1，表明产能不足，供不应求；N 值小于 1，则表明产能过剩，供大于求。

根据 N 值的不同，我们可以作出短期或长期的策略规划，是拓展市场容量，刺激消费需求，还是调整设计产能以适应供给？这必须根据实际情况来予以判断。但很明显，N 值越大就意味着市场蕴藏的潜能越大，这是我们希望看到的结果。

文化市场的繁荣为整体社会发展带来了强大的自信和动力，在文化产业运营中，IP 作为产业发展的重要核心资源，逐渐成为被广泛关注的焦点之一。文化产业的核心是内容产业，而 IP 则是内容产业的浓缩和精华，因此可以被视为产业运营的源点，围绕这个源点所做的各类衍生会逐渐构成产业网，这也就是我们一直在强调文化产业不能仅靠垂直化发展，而应该多采用网状思维的原因。

我们知道，文物是具有历史、艺术、科学价值的人类遗物，按照这个思路，也可以将 IP 资源解析为具有历史文化、科技创新、人文思想、时代元素、市场运营、艺术审美、产权保护和商业衍生等多重价值的本体资源，这也造成其价值的表现方式具有多样性和复杂性的特征，文学、影视、漫画、戏剧、游戏、文物、故事等都可成为塑造 IP 形象的具体方式。而且，发达的信息传播工具提升了日常中我们与 IP 接触的频率，可以说今日并不缺少 IP 资源，但是极度缺乏具有影响力的 IP 标杆。

一个具有市场号召力的 IP 形象并不是"画"出来的，而是"策划"出来的。作为具有高净值的形象本体，如何将其"溢价率"做高才是关键。如果没有强大的策划运营管理，"画"得再好也很难兑现其市场附加价值。不弄清楚这个问题，就很容易形成"只要有了 IP 形象就可以顺利地展开文创工作"的片面认知。如果真是这样，那为什么这么多年以来市场中已经出现了成千上万的各类 IP，但真正能够产业化成功且持久运营的案例却寥寥无几呢？所以 IP 资源不仅要"生"，还一定要"养"，而具体如何"养"则有多种方法。

就博物馆来说，其 IP 资源已经与馆藏资源紧紧地绑定在一起，其商业活动又受到了公益性单位的种种限制，所以在产业化运营时不能完全生搬硬套纯商业运营的模式，而需要另辟蹊径，先要认清自身"有什么"，才能考虑"怎样做"的问题。

从实践经验来看，目前主要采用的方式无非两种：一种是"从舞台走向柜台"，即先催生 IP 形象的明星价值，再将这种高附加值落实在各类产品之中；另一种则是"从柜台走向舞台"，即先根据 IP 大量开发产品，以产品的市场热度带动 IP 形象的知名度，谋求更高更广的价值回报。

一、从舞台走向柜台

"从舞台走向柜台"是一种最常见的运营思路。美国的华特·迪士尼公司（The Walt Disney Company，迪士尼）于 1923 年创立，距今已有百年历史，其产业化发展方式大致可以分为三种。

第一，海量化的原创基础。一切都要从那只神奇的老鼠开始说起。1928 年，迪士尼出品了人类电影历史上第一部有声卡通片《威利号汽船》（Steamboat Willie），这部短片仅有 7 分 24 秒，"主演"就是那只对后世产生极大影响的卡通形象——米老鼠（Mickey Mouse）。从诞生到今日，米老鼠的形象历经多次改进，识别度逐渐提升，变得越来越可爱，对其"人格"的设计也渐渐丰富了起来。在米老鼠身边先后出现了女朋友"米妮"（Minnie Mouse，1928 年）、宠物狗"布鲁托"（Pluto，1930 年）、朋友"高飞"（Goofy，1932 年）和"唐老鸭"（Donald Duck，1934 年）以及情敌"莫提墨"（Mortimer Mouse，1936 年）等一系列卡通形象。在单体形象设计上不断完善，在群体形象设计上不断丰富，迪士尼渐渐积累了大量经典的影视形象。这种群像式的人物设定不仅活化了米老鼠的"社交圈"，使它更加具有人性化的特征，而且，非单一化的形象也为未来铺垫出规模化发展的产业格局。

第二，规模化的实体商业布局。在 1955 年之前，迪士尼主要是将电视、广播、影院等作为舞台，深度孵化着各个角色。而在 1955 年 7 月，世界第一家迪士尼乐园在美国加利福尼亚州安纳海姆开园，从此，迪士尼便开始大规模地将舞台上的角色转入线下实体。此后，又先后在美国奥兰多（1971 年）、日本东京（1983 年）、法国巴黎（1992 年）、中国香港（2005 年）和中国上海（2016 年）开设了多家迪士尼乐园。无论在哪个城市，迪士尼均保持着统一的品牌形象，标准化的运营模式，同时又保持着与当地文化之间的互动融合。那些曾经只能通过荧屏观看的角色和场景如今竟然真实地出现在身边，这种体验上的巨大转变不仅极大地满足了人们的情感需求，还为各类实体产品的经营创造了物理条件，几十年累积下来的各类无形资产终于有机会得到有形转化，实现了从"看到"至"得到"的价值提升。

第三，资本化的产业并购。2000 年以后，迪士尼通过资本化的产业并购开始了迅速扩张。先是在 2006 年以 74 亿美元的价格收购了著名的"皮克斯动画工作室"（Pixar Animation Studios），又在 2009 年收购了拥有"美国队长""蜘蛛侠""钢铁侠"等众多知名 IP 的"漫威漫画公司"（Marvel Comics），为此迪士尼花费了 42 亿美元，时隔一年，大名鼎鼎的"卢卡斯影业"（Lucasfilm）也被其收入囊中，收购价为 41 亿美元。更让人吃惊的是，2019 年迪士尼花费了 713 亿美元的天价，将好莱坞八大电影公司之一的"21 世纪福克斯"（Twenty-First Century Fox，Inc.）买下。一系列的收购策略，彻底夯实了迪士尼在影视业的头部地位。在福布斯发布的"2020 全球品牌价值 100 强"名单中，迪士尼排名第七。2021 年，迪士尼以北美票房和海外票房"双料冠军"的成绩继续稳坐好莱坞头把交椅。

这三种方式犹如三把镰刀，分别收割着不同市场的资源价值。原创设计作为核心基础，以影视、授权等最直接的方式创造价值，也为各类衍生品提供着发展所需的"能量"；实体乐园则是将看得见、摸不着的形象转化为四维空间中的鲜活体验，并且融入了更多的感官元素，延长了体验的时间，加深了体验的效果；大规模的产业并购则针对公司在行业内的垄断地位，不可估量的产业价值也将由此而获得长期且稳定的提升。

这种"三步"式的产业发展策略犹如教科书一般，独立而稳健，并且不可能被轻易复制。原因就在于其自始至终依靠的是原创设计，从华特·迪士尼在 100 年前画下米老鼠的第一笔开始，就已经为这种"种树"式的发展策略埋下了第一颗种子。如今，这颗种子已经成长为参天大树，难以撼动。

舞台上的各类形象深深地植入了那个时代和人们的心里，受到极大影响的一代人也会自觉、自发地将自身的体验传递至下一代。这也就是前文中所说的"文化产业的发展更多的是循序渐进，润物细无声的过程"。适时地将舞台转向柜台不是偶然，而是市场需求使然，是瓜熟蒂落的必然。

我们再来看一个具有短期爆发力的经典案例。熊本县是日本重要的农业县，辖区内物产丰富，气候宜人，极适合开展旅游产业。但熊本县地处日本最南端的九州岛，交通不便，知名度一直不高。然而，随着 2011 年"新干线"在九州岛全线贯通，现代化的交通网络为长期没有"存在感"的熊本县带来了转机。当地政府也早就看准了这个机遇，事先在 2010 年就设计出当地的吉祥物——熊本熊，并赋予其拉动当地旅游经济的使命。

"萌"可能是熊本熊给予人的第一印象，但随着人们对它的行为认知逐渐深入就会发现，"萌"仅仅是表面现象，这只仿佛智商永远不足的"淘气"熊让人觉得可爱、可笑又可"恨"。而有了这种感觉时，就已然落入了熊本熊的"圈套"，因为这一切都是为其形象策划的人为设定。

与熊本熊的外形一样，它的一些标准动作和行为也是经过多次设计揣摩出来的。比如"捂嘴""跷腿"等动作都是标准化的，遵循着它的整体性格。为此，穿着笨重的熊本熊人偶服的扮演者要经过多次演练，方可使每次动作都标准一致。不仅如此，参加活动时策划者还要根据不同的主题来设计动作和一些突发事件，以达到既符合熊本熊性格又能烘托主题的效果。

深入研究角色的肢体语言，熊本熊相较于其他僵硬的、符号化的吉祥物更具有人性和情感特征，爱捣乱、经常办错事，这些在现实社会中出现在人类身上的缺点被熊本熊"萌"化后都成为"笑点"和优势。

为了让熊本熊更加真实，策划者还专门为它设计了不少故事，比如在 2010 年，熊本熊刚刚问世就担任了熊本县的临时雇员，专职负责提升熊本县的知名度。这个"临时工"的岗位设定符合很多人初入社会时的经历，"共情"的作用在这里得到了体现。一年后，由于工作"表现出色"，熊本熊被提升为熊本县营业部长兼幸福部长，这是仅次于熊本县知事、副知事的重要的职位。在升任领导岗位后，熊本熊便开始了一段优越的生活，对自己的身材管理开始放松，由于过度肥胖，熊本熊在 2015 年又被降职为代理营业部长。众所周知，日本是极力倡导减肥的国家，日本政府在 2008 年甚至还颁布了相关法律，规定 40 岁以上的男性腰围不得超过 85cm，女性腰围不得超过 90cm。所以，这一看似"无厘头"的剧情设计背后其实有着深刻而真实的社会根源，提醒人们即便是虚拟的人物也要遵守现实的法律。同时，策划团队还用科学的果蔬食谱引导人们正确地减肥，目的是推广熊本县具有的农业优势，此时的"剧情"与"实情"又相互融合在一起。

除了循规蹈矩的公务员职场生活，策划团队还时常加入一些突发事件来制造话题、营造热点、提升形象知名度。比如在一次去大阪出差的途中，熊本熊竟然脱岗离队，下落不明。当地政府为此紧急召开记者发布会，希望有知道熊本熊消息的人通过 Twitter 告知。很明显，这是一次有"预谋"的失联，目的就是要制造社会热点，为熊本熊新开设的线上社交账号作推广。

2013 年，同样还是在官方的"安排"下，熊本熊遗失了标志性的腮红，变成了一只普通的黑熊。县政府认为此事件非常严重，再次紧急召开新闻发布会，表示县政府已成立调查组专门调查此事，并在各地张贴"寻腮红启事"，甚至通过电视台发出这一启事希望大家提供线索、帮助找回腮红，为此熊本熊还特意跑到东京警视厅报了案。实际上这也是当地政府为了普及熊本熊的设计理念而特意策划的活动。熊本县境内有世界上最大的重叠式活火山——阿苏山，堪称世界罕见的奇观，并且还有"阿苏火山博物馆"，独特的地理环境使其自古就有"火之国"的称号。设计师使用的腮红不仅代表了当地的火山地理，更代表了诸多美味的红色食物。通过这次事件，更多的人了解到"红色"对于熊本县的重要性，而在这个普及知识的过程中，始终没有采用说教、解释、说明的形式，而是通过制造舆论话题，激起了公众主动关注和自发了解的热情，可谓高明。事后有日本媒体表示，这次事件达成了 6 亿日元的广告营销成果，名利双收。

熊本熊在诞生后的短短两年多时间里，就给当地带来了超过 1200 亿日元（约 68 亿元人民币）的经济效益，民众前往熊本县观光旅游的意愿也有大幅提升。而此时熊本熊的形象认知度已经是全日本第一，超过了米老鼠、Hello Kitty 等老牌 IP，其活动范围更是遍及日本各地，甚至远赴海外参加宣传活动。

随着知名度的提升，申请授权的商品也从 2011 年的 3600 件升至 20 000 件，一系列煞费苦心的策划终于有了成果，到了该将无形价值兑现为有形价值的阶段了，于是，策划团队决定开放形象专利，只要通过审核，有助于熊本熊的宣传，机构或商家就可以使用。此后，熊本熊的形象开始更加频繁地出现在公益活动、文化演出和各类商品上，成为流量明星。据日本《朝日新闻》2015 年的报道称，2014 年熊本熊衍生品的销售额高达 643 亿日元（约 35 亿元人民币），是上一年的 1.4 倍。2017 年熊本熊的周边产品销售额达到 1408.742 亿日元，同比增加 10%。

熊本熊在极短的时间内就实现了社会价值与经济价值的双赢，形象设计功不可没。道理很简单，创造人人喜爱的形象就是在创造市场，图形化的表现方式超越了国界和语言的限制，使其能够被更快速、更广泛地接受和认可。

但仅仅依靠具象的造型也只能引起人们的本能层情绪，而想要在更深的反思层级中找到"共情点"，则需要借助一系列深度人格化的综合加工，将形象塑造得更加丰满而立体。其中还特意植入了很多人类的缺点，当这些不良习气出现在熊本熊身上时，不但没有引起人们的反感，反而增加了它的真实性、亲人性。这也体现出文明社会之所以"文明"，可能并不是因为将不文明的现象简单粗暴地直接消灭了，而是采用更为宽容的态度将其容纳和引导了。相较于那些只能被动"观看"的吉祥物，熊本熊这种深度"共情"的设定使这一虚拟形象看起来更加率真，甚至比人还像人，比人还真实。

除此以外更重要的，也是更值得我们学习的，就是它的 IP 养成系统和战略布局设计。如果说形象设计可以归功于个人的劳动成果，那么"养熊"的过程则必须由团队合作来完成，需要投入大量的智力劳动和时间成本。

不难发现，在熊本熊成长的早期多是采用制造舆论热点、提升知名度、参加各类宣传活动等方式间接创造价值，这一阶段中的授权也多是免费使用，目的就是先赚取"名"；而后随着知名度的不断提升，有了深度的市场认知，才开始以各种方式获取"利"。这个时间点大概是在 2018 年，熊本县官方宣布将允许海外企业制造和销售熊本熊周边商品，但要收取商品零售价的 5% 作为"熊本税"，用于打击盗版和各类相关活动的开支。这一年，我国共享单车品牌"ofo"与其进行了合作，共有 5 万辆印有熊本熊形象的共享单车投入市场，提升了它在中国的知名度。

无论是迪士尼的"百年工程"还是熊本熊这种短期见效的"特效药"，可以看出 IP 资源的战略要地只有两个——"柜台"和"舞台"，策略重点也无非先"成名"还是先"取利"。多数情况下，名利很难在同一发展阶段中兼得，总要有一定的侧重点。至于究竟应该先迈出哪一步，还是要看具体的市场需求和整体的战略定位。

二、从柜台走向舞台

在狭义理解中，文创产品通常被作为一种对文化的"物"化表现，采用的多是三维空间的设计语言，实际上是在表达文化流中的某一个"点"，其局限性在于很难清晰而全面地展现一件"事"，打破这种束缚就要借助于四维空间的表达方式，在加入了时间轴线后，我们就可以重新安排那些散乱的"点"，使它们能够依据时间的逻辑而具有连贯性，以此来弥补实体文创产品分散性表达带来的沉浸体验效果不佳的缺陷。我们可以通过一些影视作品、舞台剧目、表演节目来领会这种表达方式。

众所周知，北京故宫博物院拥有大量的实物文创产品，其柜台销售业绩长期处于业内头部地位，而在 2016 年，故宫将这一优势进一步拓展至"舞台"。在与中央电视台共同出品的纪录片——《我在故宫修文物》中，以全新的视角展示了"文物修复"这一较少出现在公众视野中的"神秘"职业。片中既没有宏大的叙事，也没有刻板的说教，而是采用了平实的叙述方式，有温度地记录了文物修复工作的日常。朴素而亲民的风格也使得该片获得了多项大奖，"豆瓣网"更是给出了高分。虽然片中自始至终都未曾直接提及文创产品，但却用了另一种表述方式让人们更深刻地体会到什么是美：文物是美的，匠人精神是美的，生活是美的。这种萦绕于全片的画外音时刻都在为文化做着注解，细腻的情感塑造加深了品牌的亲和力，使故宫的整体品牌形象更加深入人心。

2017 年，在中央电视台热播的《国家宝藏》节目同样是以文物为主要线索，结合了综艺节目、情景剧目、口头讲解等新颖活跃的形式对博物馆文化、文物、文创产品的传播进行了有益的探索。2019 年 3 月，《国家宝藏》在天猫开设了名为"你好历史"的旗舰店，截至 2021 年 6 月 14 日，共推出了如"洛水一梦鼠标垫""醉花沾花瓣纸胶带""江山变色马克杯"等约 200 款文创产品，通过与电子商务平台的跨界合作，较好地利用了舞台节目所营造的文化热度，带动柜台产品走进了人们的视野。

又如 2021 年上映的粤剧《白蛇传》电影版，通过现代影视作品的视觉表达方式将粤剧这种受地域限制较大的非遗文化重新进行了演绎，扩展了受众群，探索了传统地方戏剧的推广方式。

对于旅游景区来说，客流量是最为重要的构成，吃、住、行、游、购、娱皆要依赖于此。随着文旅融合的发展趋势越来越明显，各个地方的旅游文创也纷纷将摆放在柜台中的实物产品挪移至舞台中。如早期的"印象刘三姐"（2004 年）、"印象西湖"（2007 年）、"印象普陀"（2010 年）、"印象武隆"（2011年）等"印象"系列作品就是将景区的实景资源优势融入演出产品中，在时间的流动中，生动细述了各个地方的特色文化，为旅游景区汇集了"人气"。这种只有在四维空间中才能体验到的沉浸式感受，是在以"物"为唯一表达方式时难以呈现的。

四川阆中古城的"阆苑仙境"实景演出。节目本身虽是为旅游服务的，但其中却融合了三国文化、川剧、皮影、小吃、丝绸等多项当地特色文化。整个表演被安置在阆中市南津关古镇商业街中，采用了单向单线式的观赏路线。舞台被分散安置在步道两旁林立的商铺之间，这些店铺多售卖与表演相关的文创产品或土特产品。其实这种商业街在全国乃至世界各个旅游景区都极为常见，但这个演出的整体策划设计却十分巧妙地将购物与表演融为一体，在游客边走边看的过程中，即可实时品尝到或购买到剧情中出现的各类文化实物。这种"虚""实"两条线的剧情设计不仅加强了体验感，还将刻意的购物环节自然地融入其中，食、游、购、娱这四项旅游基本要素在此时已经由一种轻松的方式串联在一起，营造出一种自然随性的文创生态系统。

近些年来，类似形式的产品在各地多有出现。不难发现，它们均以四维语境表达，采用了多元化的感知方式，将各类文化元素和文创产品整合起来，其宽泛的表现形式、极具故事性的情节形成了具有连续性的内容，更便于观众对文化形成持续性的解读。这也是通过"大文创"设计思维营造品牌形象的一种具体落实方式，在对这类产品进行策划设计时更显功力。相较于传统柜台销售中缺少主动性被动"等"买家，显然利用舞台的形式大大增加了产品的曝光率和表现力，更加人性化的表达也更能激发主动消费的热情。

第二节　舌尖上的文创

食物不只是人类生存的基础，更关乎着生活的质量和对美的追求。《说文解字》中将"美"解释为："甘也，从羊，从大，羊在六畜，主给膳也。美与善同意。"[①] 因此我们将饮食称为文化，既是文化，必可创意。近年来在设计界就悄然兴起了一种新的设计类别——食品设计。

1997 年，加泰罗尼亚设计师玛蒂·吉克斯（Marti Guixé）在巴塞罗那首次推出食物设计展，成为最早使用"食物设计"一词的设计师。2005 年，法国"促进工业创造机构"将"让·普罗韦设计奖"授予斯特凡纳·比罗（Stephane Bureaux）设计的甜点，这也使得"食品设计"终于有了正式的名分。但这个时期的食品设计仅着眼于形状，因此"设计"的价值更多地体现在对食材的处理方式与外在展示方面。荷兰设计师卡蒂娅·格鲁特耶斯（Katja Gruitjers）和玛丽耶·沃格桑（Marije Vogelzang）从饮食的行为而非食物本身

---

① 　许慎 . 说文解字 [M]. 北京：中国书店，1989：72.

进行设计，催生出"关于吃的设计"的概念，为食物设计带来多元性：从分子物理学、生物学、遗传学、人类学到营养社会学，最终让这一新领域在 21 世纪最初几年获得概念上的巩固。2006 年，国际食品设计师协会（International Food Designer Association）在美国纽约成立，这个组织中聚合了各个国家和地区从事食品经营、食品设计、烹饪技术研究、饮食文化研究、食品营养研究、饮食服务研究与教育等行业的专家学者。2014 年，荷兰的埃因霍芬设计学院（Design Academy Eindhoven）新开设了由玛丽耶·沃格桑负责的本科专业"Food non Food"。

至今，这一领域在国外已经悄然发展了 20 余年，学科的系统化建设已经日趋完善。而就在近些年，国内也开始逐渐关注到这一点。2016 年，中国美术学院开设了食物设计选修课。2019 年，中国食物设计联盟（China Food Design Society）成立。2020 年 8 月，江南大学设计学院开设了题为"食品系统设计与体验创新"的艺术类研究生培训班。同年 10 月 30 日，中国首个以"未来食物"为主题的国际设计节在广东省顺德区开幕。

细心的读者可能会发现这里出现了两个不同的名词——"食品设计"和"食物设计"，二者均是针对食物展开的设计研究，但涉及的领域一广一狭。

食品设计包含的内容是极为宽泛的，所研究的重点涉及食物内在属性与各领域之间的关系问题，是针对食品产业系统及流程的研究。如文化内涵、造型设计、社交礼仪、情感沟通、加工运输、营销服务、空间环境等，都是这个领域不可回避的研究内容。也就是说，所有与食品直接或间接相关的设计都可归为此类，具有综合性、跨学科特征。而且，食品行业本身所具有的包容性使这个领域的内容还在不断扩展。

食物设计则是食品设计的分支，所指内容更为具体，注重的是对食物本身的具象化设计和与食物具有直接关联的内容，比如食材、食物形状、颜色、温度、口感、营养健康、进食方式等。这些内容与食品设计衔接得甚为紧密，对食品产业链的发展起到了关键的核心作用。

食物是不折不扣的"刚需"，是人类生存的必需品，同时它也对我们的身心健康产生着巨大的影响，从这一点来看它更像是一种"投资"，是对生命的投资，对生活质量的投资，为此人们愿意付出更多的时间、精力和金钱来换取一种更为"高级"的生活方式。

这就触及我们要讨论的本质问题了，饮食文化并不是人类与生俱来的，我们的食谱曾经与动物们的食谱并无太大分别，而随着意识的觉醒、社会的进步，能够健康而优雅地进食成为文明的象征。古时，上至帝王将相，下至平民百姓，他们吃得一样吗？答案显然是否定的。在物质资源相对匮乏的时期，吃什么、怎么吃、何时吃都成为财富、地位、身份的象征。今日，我们虽早不以此作为标准，但从吃饱到吃好，再到吃得健康、环保、科学直至吃出文化，不得不说，人类在饮食方面的进步是肉眼可见的。

运用科技手段解决食物设计终端体验的方式虽然可取，但如果将其理解为食物设计的全部内容就显得有些片面了。我们应该注意到，这类产品无论获取方式设计得如何新奇，都始终未能触及食物的本体。这就如同是在一桌精美的餐具中盛放着的菜品，餐具的设计固然重要，但食物本身才是主体。所以食物设计，应该追求的是从人类对食物需求和体验出发而进行的本质性创新设计。

2015年，日本设计师佐藤大（Oki Sato）受法国巴黎国际时尚家居设计展览会（MAISON&OBJET PARIS）的邀请，设计了一种十分特殊的巧克力。这组巧克力共有9块，采用了建筑构件的设计手法，每一块巧克力的长、宽、高均被严格地控制为26mm，这也是人机工程学中最适合入口的尺度。虽然原料、制作技术、辅料等因素都会直接决定巧克力的最终味道，但在这组产品中，设计师显然更关注的是"形状"给人带来的味觉体验变化，巧克力被分别赋予了尖凸、镂空、圆润、粗糙等不同造型结构或肌理。这是从产品外观设计角度出发，通过赋予食物本体不同的结构、形状、质感来改变食用体验的一次创新实践。

佐藤大的另一件作品是将黑巧克力设计成瓶子，白巧克力做成瓶塞，另有五种不同口味的糖豆，人们可根据个人喜好倒入瓶中，调配出独一无二的口感。这种将食物本身作为器物并融合了互动设计的思维方法，使人们在享受美味的同时，还可以感受到"体验"所带来的乐趣。

通过对比，可以看出食品设计是围绕着食物而创造出的饮食体验，而并非仅针对某种食材的外观、色彩、造型进行的视觉上的狭义创新。在这个认知层面我们就可以拓展出庞大的食品设计谱系，产品设计、空间设计、体验设计、服务设计等领域的内容都可被纳入其中，其特殊之处就在于它非常自然地打破传统的学科分类，将科技、文化、美学、艺术、营销、服务等多种元素整合在一起，每个元素之间又都相互影响，相互关联，充满了无限的可能性。也正是借助于各个要素之间的共生关系，才能构建起一套完整的饮食文化体系。从这一点来看，显然食品设计的价值一直以来都被低估了。

无论是食品设计还是食物设计，其最终目的都是让食物更符合人的需求，为人提供更好的服务。为了使这个目标更加明晰，更具操作性，奥克兰理工大学设计与创意技术学院的弗朗西斯卡·赞波罗（Francesca Zampollo）将食物设计归纳为食物产品设计（Food Product Design）、食物器具设计（Design For Food）、食物加工设计（Design With Food）、饮食空间设计（Food Space Design）、餐饮服务设计（Food Service Design）、食物社交设计（Critical Food Design）、食品系统设计（Food System Design）、食物可持续设计（Sustainable Food Design）、进食方式设计（Eating Design）等九个分支，构建起一个庞大的食物设计体系。我们可以按照这个体系的分类方法，进一步梳理出食品设计的四个层级，每个层级可再分别加以细分（表5-3-1）。

表5-3-1　食品设计层级细分表

层级	重点	内容
本体核心层	食材	食物本体所使用的材料，包括主材与辅料，这是核心中的核心，是食品设计的本源
	加工	根据不同的食材选择不同的生产加工方式，强调创新价值在其中的体现
	造型	食物外在的物理特征，如形状、色彩、气味、温度、湿度、味道等
	健康	设计科学合理的营养组合，健康的饮食习惯
辅助器物层	食器	加工食材及进食所使用的相关器物设计，如餐具、家具、装饰等
	包装	此处主要指用于对食物起到保护作用的包装设计，注重的是包装的功能性设计
	运输	包括产品的集中运输与消费者购买后的携带运输设计

层级	重点	内容
情感体验层	空间	与食物相关的各类空间环境设计，整体空间与局部空间都应与食物本体达成一致的"调性"
	信息	食品所传递出的文化、情感等各类信息，注重体验性设计在其中的表达
	服务	与食物相关的各类服务
	包装	此处主要指食品的包装所承载的种种情感信息，比如拆解包装的仪式感，包装设计带给人的愉悦感等
	审美	食品本身和整体食品系统带给人的审美感受
社会生态层	环保	食材、辅助器物、加工过程等对自然环境或社会环境产生的持续性影响
	文明	食材及食用方式是否符合文明社会的要求，对社会的进步能否起到推动作用
	创新	食品设计中的创新价值是否对人类生命、生活具有积极的影响
	礼仪	食用时所具有的仪式感和行为设计，这是将食物由"器"上升为"道"的关键内容，需要考虑地域、风俗、宗教等文化细节问题，并能够与食物相互烘托
	社交	食品可以作为社会群体划分或社会身份认同的重要标志，并且是现代社交的重要方式之一

食物（特别是传统食物）都是自带情感体验和文化内容的，情感体验多来自体验者此生的记忆，而文化内容则多来自隔世的传承，同时还受到了地域、民族、风俗等多方面因素的影响。那么文化究竟该以何种方式才能"吃"出来呢？显然，传统的菜系或是知名的菜品由于本身已经具有了专属的制作工艺和极强的品牌效应，很难再以这些作为切入点。因此作者更偏向于结合新需求、新市场、新形势、新体验，注重表达方式的新颖性、独特性、创新性，从人机工学、设计心理学、行为学等方面来重构新的"食品文创"思维方式。

博物馆界对这一领域的设计实践工作已然开始。一马当先的是一些饮食行业博物馆，如成都川菜博物馆（2007 年开馆）、中国淮扬菜文化博物馆（2009 年开馆）、中国杭帮菜博物馆（2012 年开馆）、中国皇家菜博物馆（2014 年开馆）、中国徽菜博物馆（2015 年开馆）等均是以中国传统菜系为根本，多是采用实地游览、品尝或是亲手制作等活态化的体验方式传承着各自独特的饮食文化。

而综合类博物馆对食品的设计表达则更加具有创新性和创造力，近几年博物馆食品文创不时会掀起刷屏高潮，一些有文化、有故事、有历史的传统食品率先被博物馆"盯上"，以月饼为代表的各种糕点就是其中一类。

2017年，北京故宫博物院和北京稻香村合作开发的月饼礼盒套装"掬水月在手"，取得了相当不错的销售业绩。粉蓝色的包装与凉凉秋意十分搭调，月饼被分别设计成月亮、玉兔、祥云的形状，延续着故宫惯用的"萌"系风格，当然更萌的还是那只"肉松蛋黄小螃蟹月饼"，可爱得让人不忍下嘴。策划团队还专门制作了一条名为"朕收到了一条来自你妈的微信"的H5在朋友圈"肆意"传播，"朕就是这样迷人的汉子"等文案设计，"快闪"风格的表现形式，都使整条H5充满了喜感。据后台统计，发布当天播放量即接近300万次，达到了宣传"故宫食品"的目的。

早在2014年，苏州博物馆就推出了"秘色瓷莲花碗曲奇饼干"，设计原型来自其馆藏文物"五代秘色瓷莲花碗"。为了与文物的颜色更为接近，饼干特意采用了绿色抹茶口味。独特的创意一时之间引来了网友的热捧，第一批200盒饼干上架仅两周即售罄，时至今日仍保持着不错的销量。此后又有三星堆博物馆推出的"古蜀面具文物饼干"，陕西省历史博物馆推出的以"长乐未央瓦当""开元通宝"等为原型的系列文物饼干，还有如棒棒糖、雪糕、3D打印的咖啡、巧克力等各类品种，都纷纷出现在博物馆食品文创的"菜单"中。

随着案例越来越多，食品逐渐成为博物馆文创产品中的一个大类。但博物馆的特殊属性与行业要求，使其始终难以采用如煎、炒、烹、炸等复杂的加工方式，而且出于安全和卫生保洁的要求，如方便面、自热型产品等也不适合在馆内食用，这就使博物馆在食品品类的选择上受到了诸多的限制，目前多是以半成品或成品的形式出现。

食品是比较特殊的文创类别。首先，人类对味觉的需求并不是每日一新的，而是持久的、稳定的，并且可能是很难改变的，诱人的味道一旦形成"感受体验"便具有了恒久的存在价值，而这个价值恰恰在于"不变"。看看那些老字号是如何在人们的情感中确立地位的，稳定的食品质量和一成不变的口味恐怕才是其中最重要的一环，这显然与追求持续迭代的快消品有着本质的区别。其次，食品毕竟是用来吃的，只能看到却吃不到，或是这次错过了就永远买不到了，那又怎能实现食品中所承载的文化传播价值呢？除非是供应链确实紧张或是出于保质期的考虑，否则就不太适合长期采用"饥饿营销"的方式。毕竟食品所针对的还是一个大众化的消费市场，这个需求量远远不是用文创产品的批量化概念来衡量的，这也使得食品设计的运营思维不能简单套用其他类型文创产品的运营方式。

在传统的饮食文化中还有一种极具影响力的品类——酒文化。历史中大量的文物、人物、事件均与酒相关，且故事性极强。如今，我们虽然不提倡过量饮酒，但它的确也是生活中一类重要饮品，并且极具开发潜力。由于对酒文化的讨论过于庞大且复杂，在此不再展开。

第三节　文创设计中的智能要素

从技术发展来看，博物馆大致经历了实体博物馆、数字博物馆、智慧博物馆三个阶段，目前正处于数字博物馆向智慧博物馆发展的过程中。

实体博物馆有历史悠久的传统形式与不可替代的实物展示优势，在这种形式中，观众不需要太多的知识储备，仅凭观察展品的特征即可发现视觉中的逻辑关系，寻找解释的线索。

虽然现代科学已经证明，人类需要通过视觉来获取 80% 以上的信息，但这种对单一获取方式的重度依赖，也会使文化传播效能在形式、时间、空间上受到制约。反映在文创产品设计中，通常表现为不断丰富的视觉要素，越来越多的色彩、符号、图形的出现，使产品变得越来越花哨。而其带来的负面影响则是在这种设计思维模式中，创新被永久地限制在同一层级中寻求变化，很难获得本质上的突破。

然而博物馆惯用的这种信息输出方式很少会受到质疑，人们已经理所当然地接受了这种体验形式。但我们不禁要问，除了视觉以外，博物馆是否还有其他可能的表达形式以满足更多的需求？比如如何让盲人感受到文物艺术之美？这是一项很有价值的研究，课题将实体博物馆所依赖的视觉传播方式强制性地完全剥离，设定了一个全新的领域来重新思考和构建传播方式的问题。研究表明，借助于场景的营造以及听、触、嗅、味、动等感官的综合调动，不仅可以使有视觉障碍或失明的人能够感知到艺术作品内容，还可以为视力正常的观众提供更加丰富的体验，观众更容易对文化形成深入的认知，这种被称为"多模式视觉"或"多感官感知"的传播方法，强化了博物馆讲述历史文化的"语言"表达能力，丰富了博物馆的体验形式。

实体博物馆中的时空限制可以通过数字博物馆的形式加以改善。如今已有大量的博物馆开始借助于信息网络技术将文物展览、文创产品挪移至互联网上，使人们可以随时随地进行参观浏览、消费购物。而且，数字技术还可以实现对文物或产品的放大缩小、360°观看、语音解说、动画解说、特殊视听效果、相关信息实时查询等功能，这些在实体博物馆中难以呈现的体验形式在数字科技的维度下均迎刃而解，为博物馆与观众之间提供了丰富多样的沟通选择。

虽然数字博物馆突破了藏品在传统展陈形式中的时空限制，但仍存有局限性。在传播方式上，数字博物馆仍是单向传递，被动地观看和简单地互动均难以为消费者提供更好的体验，尤其是在咨询、服务、社交等功能方面的欠缺，使其终究无法营造出博物馆文创产品所需的交流体验氛围。而智慧博物馆则以"多模态感知技术"（Mutimodal Perception）的方式替代了数字博物馆集中静态采集数字信息的方式。在这种模式中，视觉的重要性被刻意地弱化了，触觉、听觉、嗅觉、味觉等体感可以与其同时存在，共同成为获取信息来源的途径，并以此为基础重新构建人与人、人与物、物与物之间的信息系统交流网络，形成更为智能的体系。

在这种新业态的引领下，博物馆文创设计也开始显现出向无形产品拓展的趋势。利用新的技术手段和传播媒介，对传统文化和文物典藏以数字化的方式加以设计表达，也因此成为值得探索的创新方向，这种新时代语境也使传统文化再次焕发出生机。在本节中，无形文化产品特指那些与科技相结合而设计出来的数字化产品。

在实际工作中有两点值得重点关注，一是销售设计环节，二是产品自身的智慧科技应用。

一、互联网带来的"智慧销售"

我们必须承认，互联网已经突破了纯技术的范畴，开始与社会生活的方方面面结合，重塑人们的思维方式，更新社会的组织形式。因而，互联网思维就是本着"平等、开放、协作、分享"的互联网精神，充分运用互联网的技术手段来指导和创新生产生活和工作的思维方式。互联网思维对传统价值链的影响主要体现在去中心化、培育新型业态及重塑传统企业思维方式与盈利模式上。

2016 年，在文化部、国家发展和改革委员会、财政部、国家文物局四部门联合发布的《关于推动文化文物单位文化创意产品开发的若干意见》中指出，要"综合运用各类电子商务平台，积极发展社交电商等网上营销新模式，提升文化创意产品网上营销水平，鼓励开展跨境电子商务"[①]。的确，互联网是迄今为止人类所知的商品化的最大推动力。当观众通过各类电子终端设备看到设计精美的文创产品时，自然会引起对博物馆藏品、展览、文创和活动的关注。互联网技术所实现的数字化体验在很大程度上影响了观众对博物馆的印象，提升了大众参观和消费的意愿。

在国际上，对互联网未来发展及应用的研判也有很多值得借鉴的成果，比如 2011 年 2 月，美国 KPCB 风险投资公司（Kleiner Perkins Caufield&Byers）的合伙人约翰·杜尔（John Doerr）在对未来互联网产业发展的大趋势判断中提出了"So Lo Mo"的概念。"So Lo Mo"是指整合了社交（Social）、本地化（Localization）和移动化（Mobile）三个关键因素，简单来说，就是把社交媒体、本地搜索以及移动搜索以互联网技术的形式加以整合并提供最终的用户体验。

---

① 中华人民共和国中央人民政府官网.国务院办公厅转发文化部等部门关于推动文化文物单位文化创意产品开发若干意见的通知 [EB/OL].（2016-05-16）[2023-06-18]. http://www.gov.cn/zhengce/content/2016-05/16/content_5073722.htm.

　　需要明确的是，此种方式并非完全是指今日已经趋于成熟的网络销售概念。网络销售的核心并非直接创造新的产品，其根本价值在于对服务内容、交易方式、运营模式上的创新，本质上是一种对传统销售模式的产业化更新，可将其视为互联网初级运用阶段的一种商业营销方式。在网络技术高速发展的加持下，这种新型的销售模式切实可行，并且效果显著。

　　网络销售为博物馆文创产品传统营销提供了新的渠道，公众通过移动终端自由浏览、选择文创产品进行线上支付购买，既能够选择自取，又可以等待配送，还可以在线下接触实物后再决定是否要最后交易。这种被称为"O2O"（Online to Offline，从线上到线下）的购物方式应用在博物馆领域，不仅可以将线上的公众带到线下的实体博物馆中去，还可以使博物馆传统的实体店销售不再受地理位置、营业时间、客流量等在时间和空间上的种种限制。"线下浏览""线上下单"的双线营销特征是目前博物馆较为适用的电子商务模式，对其合理性判断的依据主要有以下两点：

　　第一，在线下实体店中，消费者可以通过对实物的近距离接触与体验进行直观的价值判断。商品实体性能和价值信息的直观传递，能够帮助消费者迅速进行准确的选择，这种消费模式不仅误差率低，同时也发挥了实体博物馆观众资源的优势，这是目前在线上交易中无法实现的。

　　第二，可以发挥线上数据的价值，对顾客所认同的商品进行客观数据分析，从而克服一直以来在线下实体店交易中难以对用户数据进行有效采集和准确分析的缺陷。由于O2O购物模式要求用户在网上进行支付，而这个支付信息就成为对用户进行深入挖掘和分析的宝贵资源。掌握用户消费行为的数据信息，可以大幅提升对客户维护的效果，而通过对数据的整理和分析，往往还可以为设计提供新的线索，甚至预判或控制消费热点的产生。

　　第三，O2O模式可以分别保持不同群体各自的购物偏好。目前博物馆线上与线下购物群体有着明显的区分，两类消费群分别保持着各自的消费习惯，而且网络购物的年轻化趋势明显，随着年龄的迭代，这类人群的消费特征、兴趣爱好等将对未来设计趋势产生极大的影响。

　　对于两类购物人群的分歧，O2O模式所提供的是一种在发挥各自优势的同时又克服了两种销售模式缺陷的互补性解决方案，能够同时满足线上及线下消费需求，因此，我们可以认为这种模式与当前博物馆文创产品的营销特点具有极强的契合度。

此外，利用自媒体平台进行营销也是一个不错的方式。如今，微信、微博等已经日渐成为人们获取信息的重要渠道，博物馆通过开设微信公众号和官方微博，或者借助大众自媒体的方式进行宣传，发挥各类媒体的传播价值，达到扩大传播领域的目的。这种趋势也使我国博物馆文创市场整体呈现出高速增长的态势。

2018年，仅在淘宝、天猫浏览博物馆旗舰店的累计访问量就达到16亿人次，是全国博物馆接待人次的1.5倍，其中有1亿用户是"90后"。2019年，在天猫实际购买过博物馆文创产品的消费者数量近900万人，已有24家博物馆入驻天猫，仅故宫就在淘宝、天猫开设了6家网络商店。接下来，另有位列世界四大博物馆之一的俄罗斯艾尔米塔什博物馆，以及美国波士顿艺术博物馆、荷兰梵高博物馆、法国国家博物馆联盟等多家博物馆及机构入驻天猫。可见，在社会效益和商业利益的双重驱动下，传统却又锐意创新的博物馆不约而同地做出了集体性选择，利用互联网销售成为当前阶段的重要趋势。

但是，建立电子商务销售平台仅可视为博物馆实现"智慧销售"模式的第一步。在此基础之上，运用"O2O"和"SoLoMo"的理念，我们甚至还可以设想"元宇宙"（Metaverse）的形式，从多个层面充分发挥互联网技术的作用，利用动态捕捉、行为分析等多种科技元素在销售设计中的融入，共同构建起博物馆特有的互动体验平台，方能展现出"智慧销售"的优势。

比如在服装服饰类文创产品的销售中，可在手机或其他移动终端的App中加入AR技术，实现即时换装、换色、组合、搭配等"所见即所得"的辅助销售功能。还可以根据不同年龄、身份、身高、体重，甚至是脸型、体态等多模态感知数据信息和以往的消费记录，经过大数据的智能运算，推荐、推送与其相匹配的产品系列。还可以通过对观众参观的行进路线和在每件展品前的停留时间等动态信息的捕捉与分析，判断个体的喜好，为其提供更加精准的服务。

实际上，这种将科技应用到消费领域的构想早已进入实践阶段。2016 年，淘宝推出了基于 VR 技术的全新购物方式"Buy+"，这是一套利用带有动作捕捉的 VR 设备传感器和计算机图形系统的高科技设备，可以为消费者提供实时交互的虚拟三维购物环境。2018 年，淘宝又与微软 HoloLens 合作推出了与 MR 技术相结合的全球第一个消费级 MR 产品——"淘宝买啊"，再次将科技应用于购物体验中。该产品对于用户购物体验的提升非常特别，它不像 VR 技术那样自始至终让人身处虚拟空间中，而是让数字信息穿插进现实世界并且辅以动态展示，让产品从平面世界跳脱出来，进入真实的空间场景，最终结果就是让人看到眼前的商品真正动起来、活起来。

科技的不断进步与融入，影响着我们生活的方方面面，在不违背法律、道德的前提下，善用科技带来的新颖销售方式，不仅能够突出个性化的购物体验，还能更为精准地满足消费需求。

二、设计中的"智慧文创"

博物馆藏品可大致分为四种：文物、自然标本、实物资料、非实物记录和非物质文化遗产。非实物记录指反映和记录客观真实存在和发生的现象与过程的文字、图像、音像和数字记录等资料，记录这些资料的载体本身不具有文物价值，但是记录的内容具有文物价值。

在展示这类信息时，传统的图文展示方法通常很难奏效。因此，在保持博物馆文创产品普遍注重历史性和艺术性的同时，利用"互联网 +"的概念，借助网络和媒体等多方力量实现在科技、创意、交互、视觉上的互融，可以重新审视设计的创新价值，为设计工作开辟创新的思路。

在数字技术快速发展的今天，AR、VR、MR 与 5G 数据传输技术给人们带来了前所未有的移动产品使用体验，数字产品的信息呈现方式也越来越便利化，人们几乎可以在任何时间、任何地点通过各类移动终端获取形式多样、内容丰富的信息。同时，消费者对于移动应用产品的需求，已经不仅仅局限于可用性和流畅度，更开始注重那些前沿科技所带来的功能性转化。

就互联网移动应用 App 这类产品而言，占用用户的碎片时间越多，就意味着越多的流量和越广的传播范围，随之而来的就是如何将这种流量价值转化为广阔的商业前景。利用文化资源开发相关的移动应用产品，不仅可以随时随地传播文化信息，成为能够让用户随身携带的博物馆媒介，同时也是博物馆的一张电子名片。

"智慧文创"的目标是通过文化与科技的结合，加快对传统设计模式的改造与升级，利用信息技术的优势摆脱传统设计思维的束缚，设计出更"懂"消费者需求的智慧型文创产品，实现大众与博物馆的跨界融合与互联互通。

"智慧"产品自身具有可自主识别、判断和学习的能力，并能根据实际情况做出正确的反应。按这个标准来看，目前博物馆文创产品中的"智慧"设计含量普遍不高，现有的一些仅可归类为"科技应用"产品，尚难以体现"智慧"设计的真正含义。显然这需要依靠强大的科技作为推动力，在未来需要密切关注各个领域的发展，保持互动与联系，共同思考博物馆文创产品中对智慧要素的表达问题。

第四节　"元宇宙"拓展文化新视角

2021 年 3 月 11 日，根据"元宇宙"概念设计开发的游戏"Roblox"（罗布乐思）在美国纽交所上市，上市当日收盘价飙升了近 55%，将这个被普遍认为仅仅是科幻词汇的新鲜事物直接引入现实。同年 10 月，世界排名第一的照片分享站点"Facebook"竟然直接更名为"Meta"（名称源于 Metaverse），更是将这一科技概念推成了现象级的文化符号。10 月 13 日，我国第一家"元宇宙"全国社团机构——"中国民营科技实业家协会元宇宙工作委员会"在北京成立。10 月 17 日，在"第八届中国（杭州）国际电子商务博览会"上，杭州作为中国"元宇宙"第一个城市加速基地正式启动，11 月 11 日，国内首家获批的元宇宙行业协会——"中国移动通信联合会元宇宙产业委员会"正式成立。11 月 18 日，"张家界元宇宙研究中心"挂牌，张家界也成为全国首个设立"元宇宙"研究中心的景区。12 月 23 日，"四川省网络文化协会元宇宙专业工作委员会"成立。12月30日,福建省、杭州市在同一天宣布正式设立"元宇宙专业委员会"。

一个相对陌生的名词竟然在同一年突然爆发式地出现在多个不同的领域中,不禁使人迫切地想问:"元宇宙"究竟是个啥?

对于国内大多数人来说,初次感受"元宇宙"概念可能是在1999年上映的电影《黑客帝国》(The Matrix)中,此后在2009年詹姆斯·卡梅隆导演的电影《阿凡达》(Avatar)中也有类似的表达。直至2018年,由史蒂文·斯皮尔伯格(Steven Allan Spielberg)执导的科幻电影《头号玩家》(Ready Player One)上映,片中真实地呈现出现实世界与虚拟世界的关联与转换,被认定为目前最符合"元宇宙"形态的影视作品。虽然科幻电影不过是为大众提供娱乐的一种形式,而且在各个影片中都从未直接使用"元宇宙"这一名词,但还是可以将其中的科幻成分剥离,来感受其中真实的部分。

从广义来说,其实我们早已身处"元宇宙"的世界中。从1979年第一款MUD(Multiple User Dimension,多人交互游戏)诞生开始,互联网就为我们制造出大量的"分身",虚拟的社交身份、游戏角色、网购信息都可以被视为"元宇宙"的初级应用。而从狭义来讲,"元宇宙"并不是某种单一技术的名称,而是一种融合了多种技术营造出的虚拟仿真空间。在这里,人们不再受Web2.0时代只能传递符号、文字、图像等基础信息的限制,而是能够置身其中,真正获得沉浸式的体验,个人的动作、表情、话语甚至情绪都可以在此得到实时传递。这种由各类网络信息技术构建起的虚拟网络世界,也被看作互联网发展的下一个阶段。

"元宇宙"是一种重度依赖科学技术而生产出的文化产品,从根本上来说仍然属于文化产业范畴。不过它以前所未有的深度触及了人类现有的社会秩序,甚至有可能重新构建现实社会的组织、金融结构、生产方式、社交形式等,也许在未来将会成为我们日常生活中的一部分。在那时,每个人都可以通过这项技术实现多重身份,可以在"元宇宙"创建的网络世界中成为想成为的那个人,甚至在肉体消亡之后仍能以数字身份实现"永生",这仿佛能够满足人们"再活一次"的愿景。米兰·昆德拉(Milan Kundera)曾在其著作中提道："人永远都无法知道自己该要什么，因为人只能活一次，既不能拿它跟前世相比，也不能在来生加以修正。没有任何方法可以检验哪种抉择是好的，因为不存在任何比较。一切都是马上经历，仅此一次，不能准备。"① 但是"元宇宙"却为我们提供了再次选择的试错机会。仅此项就足以引起人们极大的兴趣和关注了，况且"元宇宙"还可以为我们带来更多的惊喜。

首先，与现有能够提供相似体验的产品不同的是，通过这项技术创造出来的虚拟世界不会只是一个，而是多种多样的以供人选择，从这一点来说它具有网络游戏的属性，但又不能仅仅将其理解为一种 RPG（Role-playing game，角色扮演游戏）类型的网络游戏。

其次，从体验上来说，它也不像现有的 MR 技术仅仅提供初级的感官体验。它虽是"幻境"但却是真真实实存在的，是能够直接影响现实生活的一种方式，需要我们花费心力去经营自身。

再次，从内容上来说，与设定好剧情的游戏不同，在这里每一个出现的角色都是现实世界中的人在操控，因此永远无法预料"他"在下一秒将要说什么、做什么，一切皆是随机发生的，这与真实世界中一样，时刻充满了未知与可能。

最后，与现实生活可以做到同步与置换是"元宇宙"提供的又一个可能，在虚拟世界中取得的种种成就与收获，将会在现实世界中以实物的形式加以兑现，这就极大地增加了真实感与满足感。

我们可以这样理解："元宇宙"就是将现实世界直接挪移到网络世界中，仿佛是重新开启了一个平行于现有人类社会的全新世界，人们在现实世界的缺失和遗憾将在虚拟世界中获得补偿。这也为各类产业打开了广阔的想象空间。

那么对于文创产业来说，"元宇宙"究竟有何种价值呢？从目前来看，发展最快的，最有可能先被大众感受到的实际应用将会出现在游戏产业中。早在 2019 年，腾讯就与 Roblox 共同组建了名为"罗布"的公司，2021 年 7 月 13 日，中国版的"Roblox"游戏上线，第一天即成为 IOS 游戏排行榜第一。

---

① 米兰·昆德拉. 不能承受的生命之轻 [M]. 上海：上海译文出版社，2003：98.

2021 年 9 月 6 日，深圳中青宝互动网络股份有限公司在其官方微信公众号发布消息称，公司将推出虚拟与现实梦幻联动模拟经营类"元宇宙"游戏《酿酒大师》。游戏以通信云计算技术提供支持，以游戏搭建元宇宙主要场景，以 VR 进行视觉呈现，借助自身的区块链技术构建经济体系，实现价值的传递。通过这四者紧密交叉，创造性地将游戏世界与现实打通，实现酒厂、白酒、游戏、玩家之间的信息闭环。游戏背景设定于 100 年前的中国，作为酒厂的管理者，玩家可以根据自身的思维方式选择如何经营酒厂。作为一款养成类游戏，可以将虚拟映射到现实中，在游戏中玩家用自己独创的秘方，经过时间的沉淀生产出的虚拟酒，可以在线下换取到真实的酒。这意味着在游戏中"玩"出来的不再是常见的金币、装备等虚拟物品奖励，而是最终可以得到凝聚了自己心血的、自己设计外形包装的，独一无二的实物白酒。并且，游戏中所生产的酒可通过国际白酒品鉴师鉴定，最终给出官方认证。另外，酒厂品牌将会获得 NFT（Non-Fungible Token，非同质化代币）认证，玩家可以通过圈子内部拍卖获得真实的收益。

我们姑且先不对其是否可以真正实现作出评断，仅是这种将虚拟物品兑现为真实物品的游戏设计思路，就已能引起人们的极大兴趣。这种建立在虚拟与现实之间转化所带来的体验感，也正是我们在做文创产品设计中所追求的。试想，假如在"元宇宙"创造的虚拟博物馆中，人们可以扮演不同的角色，通过完成不同的任务，或是寻宝，或是考古发掘，最终获得的虚拟物品将有可能在现实的文创商店中兑换成真正的实物，这会不会比通过传统的购买方式更具有吸引力与挑战性呢？再比如，通过虚拟身份的转换，观众是否有机会变身为博物馆的工作人员，从而进入虚拟的文物库房、考古发掘现场等这些在现实中不可能进入的"禁地"呢？其间的神秘感所带来的诱惑力，将极大激发人们的探索欲与求知欲，通过"亲身经历"所获取的知识、实物奖励都将会成为参与者值得珍藏的宝贵财富。

这些"假如"仿佛离现实还比较遥远，但都是建立在已知上的设想，而并非建立在未知上的幻想。事实上，一些博物馆已经在利用现有的技术试水"元宇宙"了。

2021年9月29日，苏州寒山美术馆举办了名为《分身：我宇宙》的艺术展，这是国内美术馆首次结合"元宇宙"概念探索艺术新形态的一次实践。展览分为"社区化元宇宙""生物圈元宇宙""平行式元宇宙""非定域元宇宙"四个板块，分别探讨了"元宇宙"在数字艺术中的价值，演示了数字加密艺术的生成方式与存在形式。

除了展览，目前博物馆还借助NFT、区块链等技术形式推出了各类文物的数字化收藏品，2021年10月29日，湖南省博物馆将"越王勾践剑"转化为限量万件的数字藏品，上线即被抢购一空。11月18日，成都金沙遗址博物馆以"古蜀金沙"为题材，围绕镇馆之宝"太阳神鸟""大金面具"等文物上线了四款数字文创产品，分别为"浮面""白藏之衣""虎虎生威""福泽满天"，限量一万件或两万件，售价9.9元，在支付宝平台仅50秒就被抢空，实现销售额39.6万元。

类似的案例还有很多，但严格来说，这些展览、文创仅仅是触及了"元宇宙"的边缘，受当前内部技术和外部环境的影响，尚未能深度涉及核心领域，但已经能够在市场中引起极大的关注，如果真能做到"元宇宙"的最佳状态，其效果可想而知。

"元宇宙"是现实世界的延伸，而不是现实世界的替代，需要在认知上从对游戏的心态转换成对现实生活的心态。也就是说，"元宇宙"中的一切虽然都是虚拟的，但并不是虚幻的，更不是与生活无关的。这也是在概念最早出现时就已经被拟定的一种状态。1992年，美国作家尼尔·斯蒂芬森（Neal Stephenson）在他的科幻小说《雪崩》（Snow Crash）中首次将一个平行于现实世界的虚拟数字世界称为"元界"，在这里，每一个现实世界中的人都有一个虚拟分身。随着现实生活开始向虚拟世界迁徙，人们可以在线上与线下、虚拟与现实之间自由地穿梭，种种边界将会变得越来越模糊。

这就像"庄周梦蝶"的故事："昔者庄周梦为胡蝶，栩栩然胡蝶也，自喻适志与，不知周也。俄然觉，则蘧蘧然周也。不知周之梦为胡蝶与，胡蝶之梦为周与？周与胡蝶，则必有分矣。此之谓物化。"[①]

① 宋双双.中华成语典故：典藏版[M].桂林：漓江出版社，2022：79.

如果以今日的"元宇宙"思维来看待这一发生在两千多年前的"神秘事件",是否可以察觉到其中的离奇之处?难道是现实世界中的庄子在虚拟世界中扮演着蝴蝶的身份?还是庄周自己才是那只真实蝴蝶的分身?被我们认为真实的世界其本身是否也是个元宇宙呢?这恐怕也是人类文明发展过程中萦绕在无数人脑海中的问题,只不过在 2021 年,人类终于有了可以将其转化为现实的方法和能力并开始付诸实践,长久的期盼与科技发展的必然终于在这刻集中爆发了,这一年也就顺理成章地被称为"元宇宙元年"。

然而也有人为此唏嘘不已,毕竟目前的现实条件如 5G、大数据、人工智能、物联网、区块链等还远远达不到"元宇宙"最佳发展状态所需的各项要求,而除了技术以外更主要的是在法律、道德、伦理、经济等层面都还处于空白,这些都将会对其发展造成制约。因此,人们的确需要对这个尚处于概念期的新兴事物保持理性谨慎的态度。

但无论如何,以"元宇宙"为代表的各类创新科技能够激发强大的想象力,也注定会影响到文创产业的发展。高新技术必然会以各样的方式广泛地融入我们的日常生活中,借助科技生成的文创产品也必将展现出多元化的形式,科技要素在文创产品设计中的比重将持续增加,文创与科技的互协发展势必会为传统博物馆带来全新的文化传播和体验效果,对此我们将拭目以待。

参考文献

[1] 刘林.基于用户体验的文创产品设计 [M].长春：吉林大学出版社，2023.

[2] 郭岚.文创产品设计及应用研究 [M].长春：吉林出版集团股份有限公司，2020.

[3] 栗翠，张娜，王东东.高等院校艺术设计专业系列教材 文创产品设计开发 [M].北京：中国轻工业出版社，2021.

[4] 肖勇，侯锐淼，王靓.文创产品设计 [M].北京：中国轻工业出版社，2022.

[5] 陈博.文创设计与产品化 [M].天津：南开大学出版社，2021.

[6] 单阳.文创产品设计 [M].北京：机械工业出版社，2023.

[7] 郭岚.文创产品设计及应用研究 [M].长春：吉林出版集团股份有限公司，2020.

[8] 严婷婷，张西玲.文创产品设计 [M].北京：科学出版社，2022.

[9] 张相森.文创产品设计 [M].北京：航空工业出版社，2021.

[10] 陈博.文创设计与产品化 [M].天津：南开大学出版社，2021.

[11] 张凯.传统图形与文创产品设计 [J].绥化学院学报，2023，43（11）.

[12] 徐丽平，况宇翔.OBE 理念下思政元素融入课程教学的实践探索——以"文创产品设计"课程为例 [J].豫章师范学院学报，2023，38（5）.

[13] 朱秋霞，杨娇娇.敦煌文创产品设计开发策略研究 [J].丝网印刷，2023，（20）.

[14] 孔呈祥.基于文化传承的工业旅游文创产品设计路径 [J].鞋类工艺与设计，2023，3（20）.

[15] 刘昊.折纸艺术在文创产品中的设计运用 [J].造纸信息，2023（10）.

[16] 赵青玲.基于京绣（北京补绣）手工艺的文创产品设计研究 [J].西部皮革，2023，45（19）.

[17] 陈子坤.传统文化 IP 在文创产品包装中的多维转译与设计应用 [J].绿色包装，2023（10）.

[18] 卢宁宁，顾晋凤.山东地域特色文创产品设计探究 [J].潍坊学院学报，2023，23（5）.

[19] 何丹.中国传统纹样在现代文创产品设计中的传承与创新 [J].丝网印刷，2023（19）.

[20] 王晓蕾.基于地域文化创意开发视角的工艺品设计教学 [J].黑龙江教师发展学院学报，2023，42（10）.

[21] 张亚楠.敦煌壁画色彩在陶瓷文创产品设计中的应用研究 [D].景德镇：景德镇陶瓷大学，2023.

[22] 张红.太原地域文化元素在旅游文创产品设计中运用研究 [D].南昌：江西科技师范大学，2022.

[23] 钱琰彬.新文创视域下博物馆文创产品设计研究 [D].无锡：江南大学，2021.

[24] 胡中华.敦煌壁画在文创产品设计中的应用 [D].天津：天津美术学院，2022.

[25] 张钰晨.西安旅游文创产品设计的研究与应用 [D].北京：北京印刷学院，2021.

[26] 夏磊.敦煌莫高窟"三兔共耳"藻井图案在旅游文创产品设计中的应用研究 [D].兰州：兰州大学，2023.

[27] 邢雯婕."互联网 +"背景下博物馆文创产品设计研究 [D].无锡：江南大学，2021.

[28] 常嫣然.陕西历史博物馆文创产品设计研究 [D].西安：西安建筑科技大学，2022.

[29] 梁骁.流行文化背景下的文创产品设计研究 [D].北京：北方工业大学，2022.

[30] 杨梦琳.敦煌莫高窟壁画纹样在旅游文创产品设计中的应用 [D].南昌：江西科技师范大学，2022.